まるごと覚えて
頭も良くなる

A4・1枚記憶法

Mnemonic

世界記憶力グランドマスター
池田義博

東洋経済新報社

CONTENTS

目次

はじめに

一瞬で大量に記憶できる、夢のひみつ道具があった！

耳馴染みのない専門用語、難解な公式、膨大な英単語、数分間のスピーチ原稿やプレゼンの台本、複雑な歌詞やセリフ、何人もの顔と名前……。

大量に覚えなければいけない課題やテキストを前に圧倒され、絶望した経験が皆様にもあるかもしれません。

「〝アンキパン〟に転写して、一瞬で覚えられたら……」

このように、国民的マンガ『ドラえもん』に登場するひみつ道具を夢想したことがある人も多いはずです。

アンキ（暗記）パンとはその名の通り、暗記に使える食パンのこと。

「スライスされたアンキパンの表面にノートや本などを押しつけ、その内容を転写させて食べるだけで、完璧に記憶できる」という夢のようなひみつ道具です。

確かにこのアンキパンを使えば、難易度の高い資格を取得する助けになるでしょう。

また原稿などを一切見ずに情熱的なスピーチを行うことができれば、聴き手の心を容易に鷲掴みできそうです。

ただしアンキパンには、残念な欠陥があります。記憶を〝保持〟できるのは、アンキパンが体内にあるうちだけ。登場話『テストにアンキパン』のオチは、大量のアンキパンを食べたのび太くんがお腹を壊し、「トイレで全部出しちゃった」、つまり「結局全部忘れてしまった」というものでした。

「そんな夢のような道具、現実にはありえない」

「何かを覚えようとしたら、やっぱり真面目に暗唱を繰り返すのが王道でしょ！」

そんな声が聞こえてきそうですね。ですが、ちょっと待ってください。

本書では、アンキパンを超える夢のような記憶の技法を伝授します。

〝全くの素人〟が記憶力日本一になれた理由

私は44歳の時に一念発起し、「記憶力日本選手権大会」に挑戦。1年足らずのトレーニングにもかかわらず、初出場で優勝を収め、「記憶力日本一」となりました。

また翌年の２０１４年から２０１９年の同大会でも連続優勝（２０１６年は不参加）。さらに２０１３年、ロンドンで開催された世界記憶力選手権で課題を全クリア。「世界記憶力グランドマスター」の称号を日本人で初めて獲得しています。

称号獲得の条件は次の通りです。

- ■シャッフルした1組のトランプの順番を2分以内に記憶できること
- ■シャッフルしたトランプの順番を1時間で10組以上記憶できること
- ■ランダムに並んだ数字を1時間で１０００桁以上記憶できること

こう書くと「池田さんは、どうせ先天的に記憶力に恵まれた人なんだろう」と思われがちなのですが、そうではありません。

昔から暗記は大の苦手で、記憶力と深く関連する〝集中力〟すら、当時は人並み。むしろ「人一倍気が散りやすいタイプ」でしたが、脳科学や心理学を学び、もがきながら工夫を重ね、カバーしてきました。

その過程で獲得した知見や技術を凝縮させたメソッドが、本書でご紹介している「Ａ４・１枚記憶法」です。

紙１枚に覚えたいことを書き出すだけで、簡単に記憶することができるようになります。

詳しいことは後ほど解説しますが、今まで覚えられなかったものがスルスルと頭に入っていく感覚に驚くことになるでしょう。

情報を圧縮すれば、大量に記憶することができる

試験前の、一夜漬け。

マーカーで色付けしたキーワードを下敷きで隠して覚える、**丸暗記**。

文言を闇雲に唱え続ける、**暗唱法**。

好きでもないのに長時間をかけて、**イヤイヤ作る語呂合わせ**。

「覚えたい事柄」を聴きながら入眠する、**睡眠学習**。


今までのあなたが取り組んできて成功せずに、挫折した記憶法はありませんか？

これらは全て、忘れてください。右に挙げたこれらの記憶法がなぜ不首尾に終わったのか。その理由については、追々解説していくこととします。


巷の〝記憶（暗記）法〟と呼ばれるものの多くは、「言葉」によって覚える「意味記憶」という手法に頼っています。

しかしそれでは、迅速で高効率なインプットも、長期の保持も難しいもの。

脳の構造は、そのようにはできていないからです。事柄を〝言葉〟ではなくイメージ化して〝圧縮〟できる人ほど、より多く記憶できることになります。

このイメージ化のことを私は「ＩＰ化」（ＩＰ＝Image Processing）と呼んでいます。

私のような全くの素人が１年もせずに記憶力日本一になれた勝因は、この「ＩＰ化」を上手く使いこなせたから、といっても過言ではありません。

たとえ話をしてみましょう。

大容量の動画のファイルをメールで送りたい時。圧縮ソフトで一旦加工し、それをさらにファイル転送サービスで送るプロセスを思い出してみてください。それらの便利な方法や手順を知っていれば、誰でも労せず大容量のファイルを、やりとりできます。

記憶する技術も、それとよく似たこと。あなたが「知っているかどうか」にかかっているのです。

脳の機嫌を取れば、誰でも日本一になれる

この「Ａ４・１枚記憶法」は、いうなれば「記憶の圧縮装置」です。

一旦覚えた事柄は、試験などの場で一時的に使われるだけではありません。

「アイデアを生み出すための素材」として脳に蓄積し、新たな価値の創出に貢献してくれます。つまり、覚えた事柄は無意識下に蓄えられているため、いざ思考する段になると顕在意識にまで浮上し、発想のヒントとして活用できるわけです。

またノートではなく「紙1枚」というスタイルにも大きな意味があります。

「私はテキスト数冊分を暗記したい。1枚の紙になんて、とても収まりきらない！」

そんな反論も聞こえてきそうですが、ご心配なく。

膨大な事柄を最後まで、心折れずに記憶したい時。適正量に小分けにして、達成感をこまめに感じられる進め方「スモールステップ」が最強です。

当メソッドは、そんな「スモールステップ」を具現化したもの。

老若男女、お子さんでも、シニアの方でも、脳にプレッシャーを与えず、楽しみながら覚え（**記銘**）、それを保ち（**保持**）、難なく思い出す（**想起**）ことができます。

シートの実物は後で披露しますが、私が記憶する際の「脳の動き」を視覚化、再現したものと捉えてください。

年齢を重ねた人こそ、記憶力はあがりやすい

記憶法と聞くと、「面倒なんじゃないか」「人の名前も思い出せないのに」と尻込みする人もいるかもしれません。

本書で紹介する「Ａ４・１枚記憶法」は、そういう方でも大きな負担にならないように楽しくできるように工夫されています。

また何歳からでも、どんな方にも、今すぐ実践していただけるものです。

学業や仕事、家事、育児、他の趣味やライフワークとも両立できます。

朝から晩まで大量のタスクをこなし続ける現役ビジネスパーソンにも、おすすめできます。

質量共に、卓越したレベルのアウトプットを求め続けられている方にこそ、むしろ推奨します。この「Ａ４・１枚記憶法」を〝能力を総合的に底上げする手段〟としてフル活用いただけることでしょう。

人生の年輪を重ねたシニア世代の方も、ご安心ください。なぜなら知能には「流動性知能」と「結晶性知能」の2つがあり、経験の蓄積がある人ほど「結晶性知能」の面では優れている傾向があるからです。

「流動性知能」とは、若い時にピークが訪れる知能のこと。

情報を素早く処理したり、法則を発見したりする際に役立ちます。

一方、「結晶性知能」とは、長年の経験から獲得していく知能のこと。

積み重ねてきた経験や知識を利用して思考する知能で、当然ながら年齢を重ねるほど伸びていきます。

大量に暗記するためには、様々な事項を「暗記したい事柄」と紐付ける必要があります。ですから、より多くの事柄を体験していたり、既に知識として持っていたりする年長者のほうが、ある意味有利なのです。

記憶力をあげると脳の総合力全体があがる

「でもネット隆盛の今、検索だけで全て解決できるはず。忙しい中、わざわざ暗記をする意味なんてない！」

そう考える人もいらっしゃるかもしれません。

ですが、それは早計です。冷静に考えてみてください。検索欄に入れるワードそのものが思い浮かばない場合。求める答えに近づくには、かなりの時間がかかるものですよね。

それだけではありません。「A4・1枚記憶法」の訓練を経ることで、記憶力はもちろん、**想像力や思考力、時空間認識力、ひらめき力、そして集中力という「6大脳力」を驚異的なレベルで高めることができる**のです。

さらには、6大脳力以外にも脳力全般の向上が期待できます。

それらの脳力とは……。

発想力、判断力、直観力、行動力、表現力、言語力、読解力、分析力、傾聴力、共感力、洞察力、持続力、忍耐力……等。数え上げればキリがありません。

一言で言うと、記憶法を体得することで、頭を総合的によくすることが可能なのです。

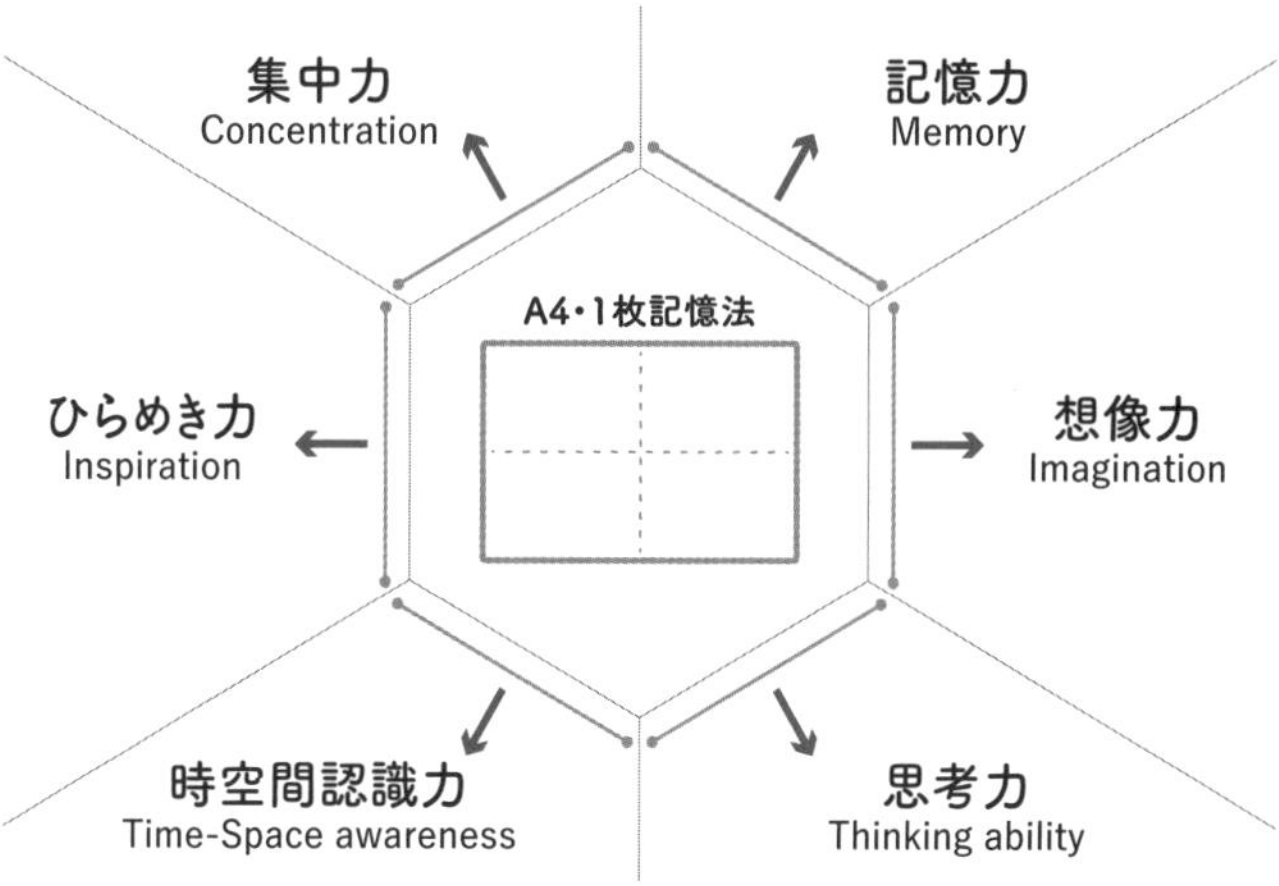

「A4・1枚記憶法」は脳の様々な能力を上げる

さて、鋭い人は既にお気付きかもしれません。

本書には記憶法に限らず、様々な学習効果を向上させる方法を、随所にちりばめています。お手元に置いていただき、ご活用いただければ幸いです。

また脳とは、元来〝省エネ志向〟に設計されている、怠惰な器官です。

「働きたくない」「現状を変えたくない」「挑戦なんてしたくない」「暗記なんてもってのほか！」

驚かれるかもしれませんが、そんな厄

介な本性を知ることで脳の機嫌を取り、効率よく機能させることができます。そんなとびきりの秘訣も収録しました。

あなたの知的人生をアップデートしていただく一助となれば、著者として望外の喜びです。

第1章

A4・1枚記憶法とは

A4・1枚記憶シートの作り方

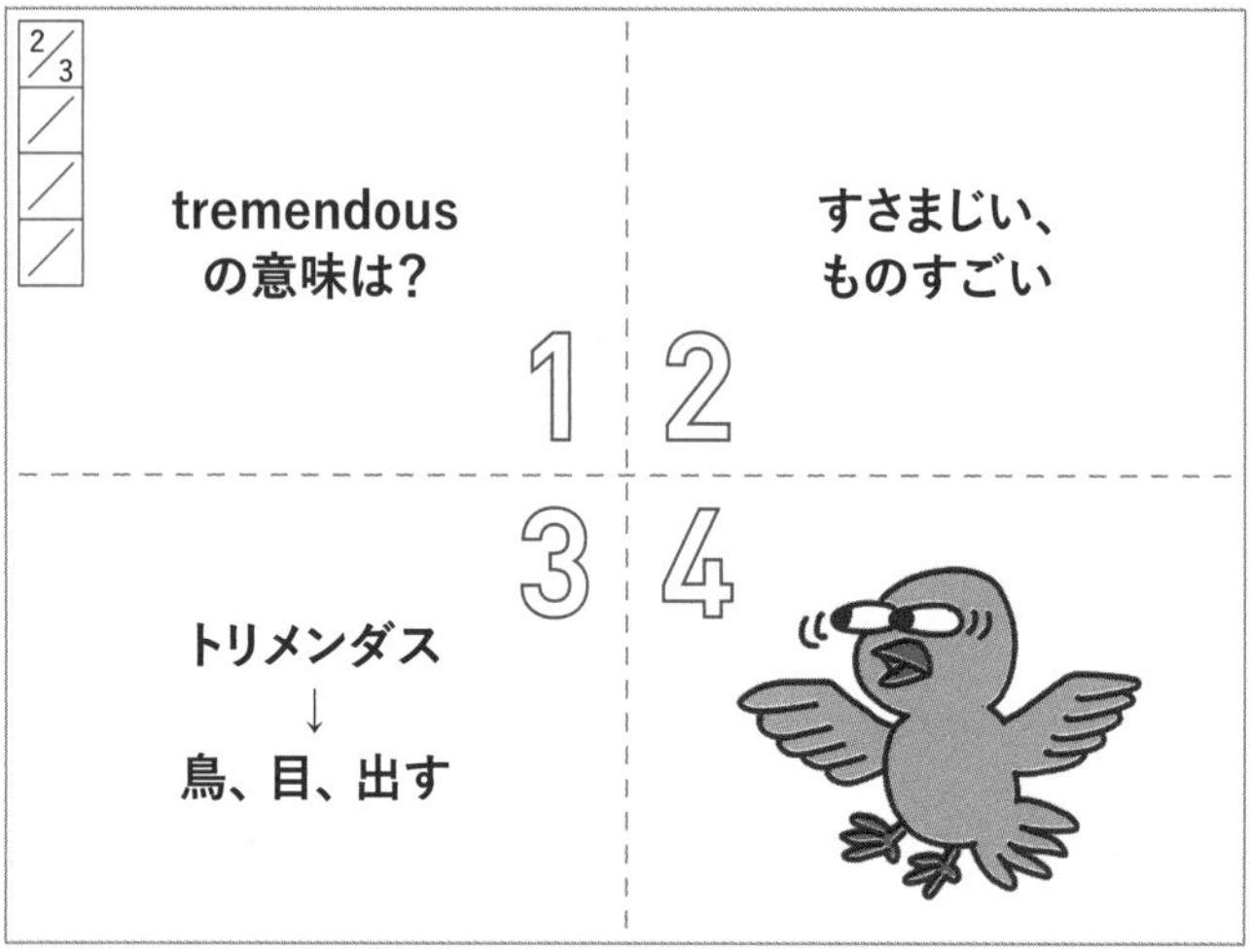

まず、シートを作成しよう！

A4サイズの紙を縦半分、横半分に折り（順不同）、全体に大きな十字の折り目を付ける。

本書では左上を第1象限、右上を第2象限、左下を第3象限、右下を第4象限とする。第1から順に、第4の象限まで記入していく。

※通常、右上が第1象限、左上が第2象限。

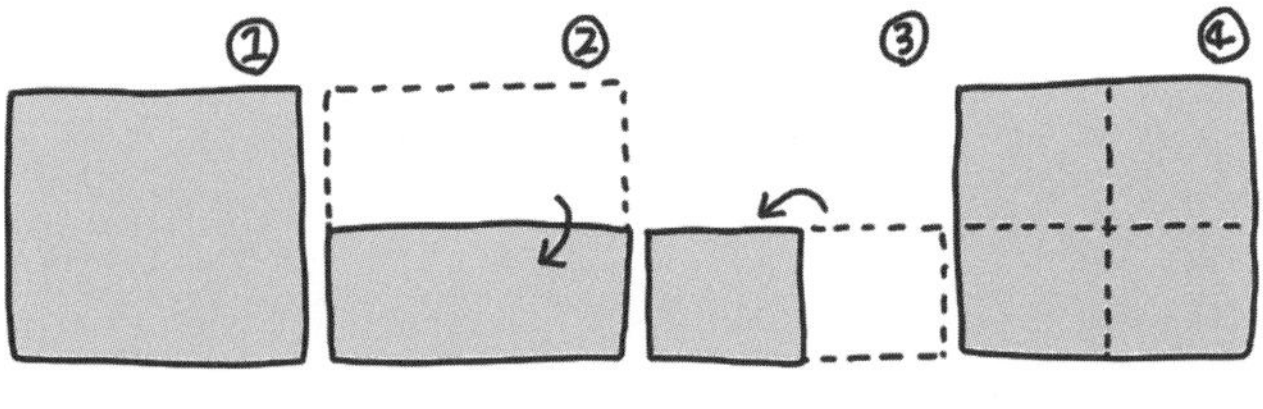

第1象限…問い

問いを、極力シンプルに書く。文章ではなく、単語や数式を書くだけでもOK。

第2象限…答え

左の第1象限の問いに対する答えを書く。こちらも極力シンプルに。

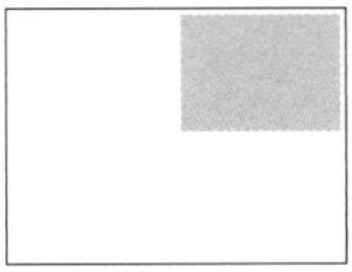

第3象限…文字によるIP化

第1・2象限を見て、気付いたことを文字化する。突拍子もないことでも可。

第4象限…イメージによるIP化

第3象限を見て、自由に図やイラストを描く。落書きのようなタッチで十分。

復習…4回が最も効率的

日付を書けるスペースを空けておく。復習のベストタイミングを逃さない。

A4・1枚記憶シートの使い方

STEP 1 問い以外を隠す

シートを第1〜第4象限の順に眺めて答えを覚えてから、第1象限以外を見えなくする（折り畳んだり、ノートや別の紙などでうまく隠す）。

STEP 2 問いだけを見て、答えを思い出す

第1象限だけを見て、答えを思い出す。
第3・第4象限などヒントになるところも一切見ないこと！

STEP 3 答え合わせをする

・「正答できた場合」→記憶完了！
　試験前に再確認できるよう、保管しておく。
・「間違った場合」→間を置いて、正しく思い出せるよう**復習**する。
・「全く思い出せない場合」→間を置いて、**復習**する。第3・4象限に加筆修正をするなどして、印象を強める加工ができれば、理想的。

STEP 1

問い以外隠す

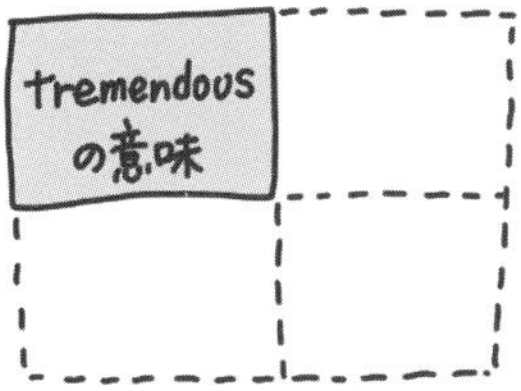

STEP 2

答えを思い出す

STEP 3

間違ったら加筆

【復習とは】

STEP1～3の流れを1セットとして、最低4クール繰り返す（＝復習する）。すると記憶は強化、固定化される。

【復習の頻度】

- 復習1回目…シート作成日の翌日
- 復習2回目…復習1回目の1週間後
- 復習3回目…復習2回目の2週間後
- 復習4回目…復習3回目の4週間後

※ただし、試験や本番が差し迫っている場合、インターバルを縮めてよい。目的、スケジュールに応じて、臨機応変にカスタマイズする。

心理学的な10大効果

シート作成によって獲得できる効果

❶ 処理水準効果

丸暗記するより、意味を理解して覚えたほうが忘れにくくなる効果。シート作りの時は、事前の理解が大前提となるため、この効果が得られる。

❷ 自己関連付け効果

脳は「自分と関係があるもの」を好み、記憶しようとする効果。シート作成時は、こじつけでもよいので自分（が属する集団等）と関連付けると、記憶力がアップするのでおすすめ。

❸ 自己生成効果

他人が作ったイメージを借りるより、下手でも〝変〟でもよいから、自分なりのイメージを作ったほうが覚えられる効果。

❹ 画像優位性効果

文字や文章より、ビジュアル（画像）のほうが、脳に早く処理され、記憶に強く残りやすい、という効果。

❺ カタルシス効果

自分の気付きや感情を文字やイラストにすることで（＝自己表現）心を解放し、スッキリできる効果。

A4・1枚記憶法で得られる、

復習によって獲得できる効果

❻ テスト効果

答えを隠す等の「テスト形式」で覚えたい事柄を思い出す(=「想起」)と記憶が強く定着する、という効果。

❼ 分散効果

一度に集中して多くの事柄を覚えるより、少しずつ覚えたほうが忘れにくい、という効果(逆に言うと、一夜漬けのように一気に覚えたことは、一気に忘れやすい)。

❽ 意志力向上効果

復習をする、とは勉強を習慣化するということ。習慣化には、意志の力が必要。意志は前頭葉が担っているので、復習をこなすことは前頭葉を鍛え、意志力アップにつながる。

❾ 単純接触(ザイアンス)効果

ある刺激に何度も接するうちに、親近性が高まり好意も増加する、という効果(=何度も見るうちに苦手意識が薄れて好きになる、という効果)。

❿ レミニセンス効果

物事を記憶した直後より(休息や睡眠を挟み)一定の期間を経過した時のほうが記憶を思い出しやすい、という効果。

脳科学的な10大メリット

❶ 脳内報酬系（神経系）が刺激され、幸福感、達成感が得られる
覚えたい事柄をシートに細分化し、「短いゴール設定」を積み重ねていく。そのため、脳内報酬系が刺激され、「やる気ホルモン」ドーパミンが分泌されやすくなる。

❷ 視覚野への印象を、強められる
脳は、文字よりもイメージを最大10倍も速く取り込める（「13ミリ秒で意味を理解できる」というマサチューセッツ工科大学の研究結果も）。またイメージにより、外部からの情報の約8割の入口である視覚野が刺激されるので、記憶が増強されやすい。

❸ 網様体《もうようたい》賦《ふ》活《かつ》系にアプローチできる
「書く」動作で、脳幹の網様体賦活系（RAS）にある細胞を刺激し、記憶力をアップできる。

❹ イメージ化によりA10神経群を騙し、記憶力を高められる
無味乾燥な言葉のイメージ化に「快」のレッテルを貼ることで、記憶にまつわる脳の〝手続き〟を加速できる。

❺「シナプスの可塑性」も活性化できる！
暗記（インプット）と復習（アウトプット）を繰り返し、エラーを減らしていく過程で、神経細胞間のつなぎ目であるシナプスの可塑性を活性化させ、記憶力を高められる。

A4・1枚記憶法で得られる、

❻ 淡蒼球《たんそうきゅう》を刺激し、モチベーションを高められる
手を動かすこと、また「動かしている」という意識により、意志とは無関係に、やる気や気合いを生み出せる。

❼ ワーキングメモリ(前頭前野)を守れる
短期記憶の情報が一時保存される前頭前野では、様々な心的作業が行われている。記憶の作業をシートに集約すれば、ワーキングメモリに余計な負荷をかけずに済む。

❽ 側坐核を活性化させて記憶力アップ
シート作成作業を始めることで、側坐核を反応、活性化させ、やる気を生み、集中力を上げ、記憶力まで高められる。

❾ 海馬《かいば》に働きかけ、長期記憶への格上げを促せる
海馬に扁桃体からの刺激が伝わる時、そこに保管されている短期記憶を、大脳新皮質に転送するよう促せる。

❿ 扁桃体《へんとうたい》を震わせ、海馬に影響を与えられる
シートに記入することで、扁桃体を刺激し、感情が生まれる。すると隣の海馬に刺激が伝わる。

実際書いてみた！ A4・1枚記憶シート

●四字熟語

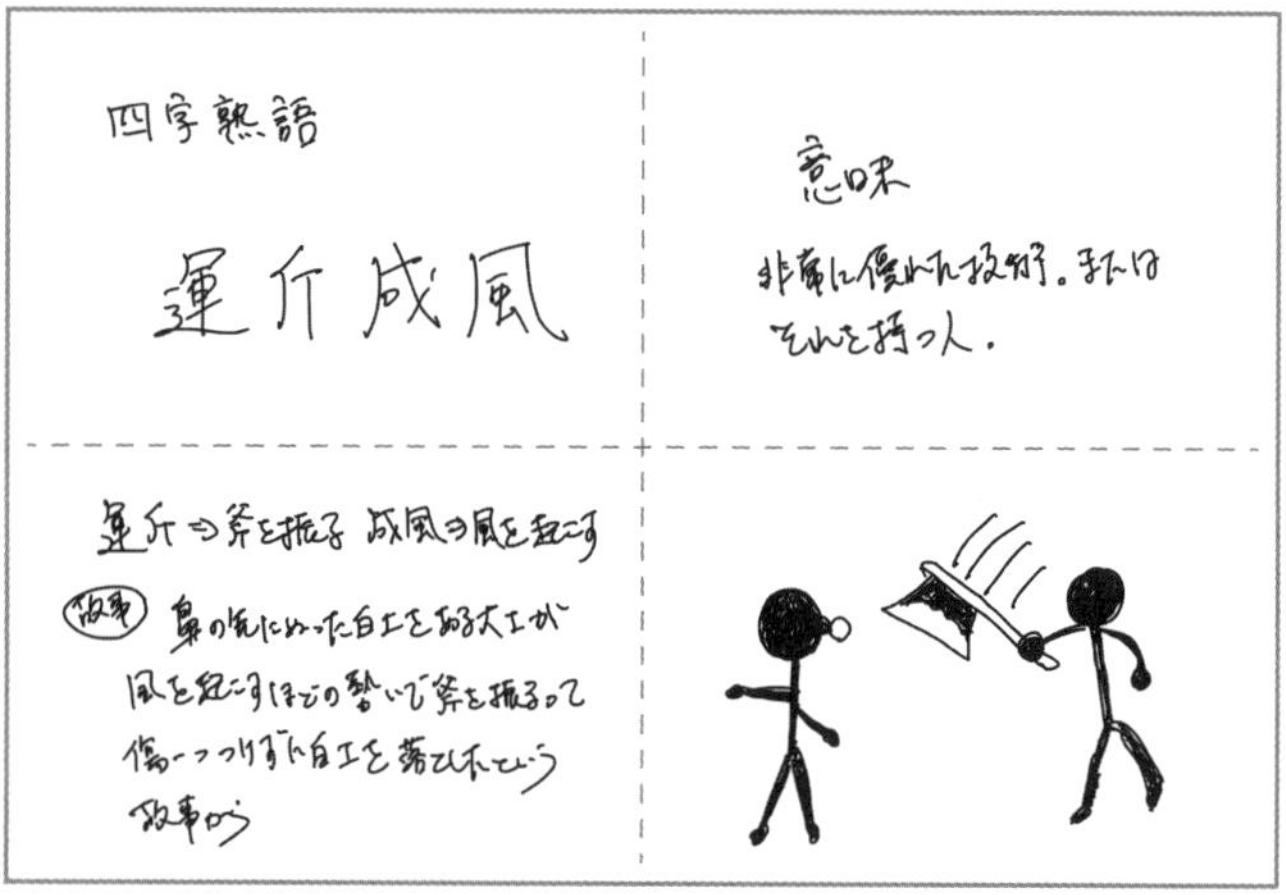

●西ヨーロッパの国名と首都名

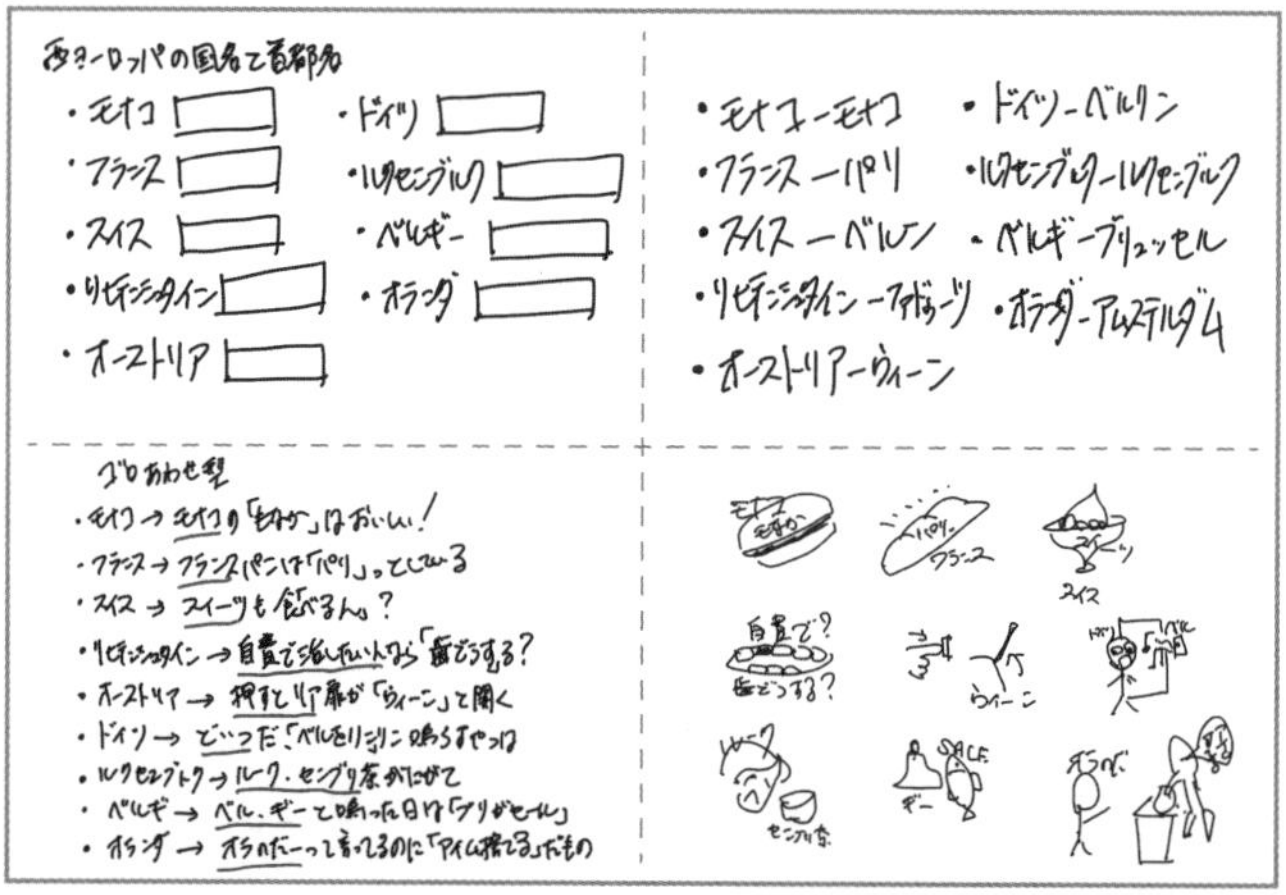

第2章

A4・1枚記憶法で簡単に覚えられる、記憶のメカニズム

頭に入れた情報は、「数十秒」しか記憶されない

2章では、記憶がつくられる仕組みについて、わかりやすくお伝えしていきます。
まず、記憶を保持するための2つの〝貯蔵庫〟について、お話しさせてください。

そもそも記憶についての研究は「**認知心理学**」という心理学の分野で、主に行われてきました。
認知心理学を一言で定義すると、人間を「高レベルの情報処理システム」と見なし、そこで行われる情報処理のプロセスを解き明かすことで心的活動を理解しようとする学問です。

認知心理学の世界では、記憶を保持期間の長さによって2種類に分類しています。
1つは30秒〜数分程度しか覚えておくことができない「**短期記憶**」。
そしてもう一方が、より長期にわたり覚えておくことができる「**長期記憶**」。

つまり、脳に入ったあらゆる情報は、右のいずれかに分類されることになります。

■短期記憶……保持期間は、最長数十秒。

時間が経つにつれ忘れられる。しかし記憶したいことを何度も唱えることで、忘却を防げる。**短期記憶の容量は7±2（5～9）個**という説が有力で、一度に多くの事柄を記憶するのは難しい（例：初めて聞く電話番号の一時的な記憶や、暗算の際に必要な個所のみ覚える一時的な記憶など）。

■長期記憶……保持期間は、最長数十年（半永久的）。

「無限に広がる記憶の海」と称されるほど大容量の情報を格納できる。その容量を1000兆項目と試算する専門家もいる（例：印象的な思い出や経験など）。

「記憶力をアップしたい！」という場合。

それは「テストやプレゼンなどの〝本番〟まで、記憶を保持させたい」という意味でしょうから、短期記憶ではなく「長期記憶ができるようになりたい」という意味になります。

「**記憶には2種類がある**」というこの事実は、いったいいつ頃判明したのでしょうか。
答えは、なんと19世紀末。アメリカの心理学者、ウィリアム・ジェームズが、この考え方を提唱しました。

彼は、脳に定着した過去の経験や出来事などの記憶を「二次記憶」（＝長期記憶）、脳にごく短期間だけ保持される記憶を「一次記憶」（＝短期記憶）と名付けました。

記憶の達人へのカギは〝海馬〟の使い方

「じゃあ覚えたい事柄を、長期記憶に変える方法を早く教えて！」

そんな叫びが聞こえてきそうです。脳に入れた情報を、いったいどうすれば「長期記憶」としてスムーズに格納できるのか、見ていきましょう。

脳に取り込んだ情報は全て、最初は「短期記憶」として扱われます。そこから、条件をクリアして選ばれた情報だけが、「長期記憶」として大脳皮質というところに保管されます。その判断を行うのが、大脳辺縁系にある「海馬」です。

海馬という名前を、今までに見聞きされたことがある人もいるでしょう。ルネッサンス後期、イタリア・ボローニャ大学のアランティオという解剖学者が、ギリシャ神話の海神ポセイドンがまたがる架空の動物「海馬」に似ている、というところから名付けたのが由来のようです。耳の内側あたりに、左右に1つずつあります。

また、脳内で唯一、神経細胞が新しく生まれ続ける部位であり、海馬を鍛えて体積が増えると、記憶や思考にまつわる能力が向上し、脳の各部位がさらに発達するとされています。そんな海馬が「情報の重要性を判断する」という大役を担っています。

ですから〝記憶の司令塔〟〝記憶の裁判官〟〝必殺仕分け人〟などと呼ばれることもあります。

門番である海馬を通った記憶だけが、長期記憶となる

実際、海馬が「これは大事」と判断して、海馬の門を通らせた情報だけが、大脳皮質で「長期記憶」として保管されるシステムになっています。

つまり裏を返すと、海馬に「大事」と判断させれば短期記憶を長期記憶へと格上げできるわけです。

海馬が「長期記憶」と認定してくれる3大条件は、次の通りです。

❶意志……「覚えたい」という意志が大事（脳は、学習だけに集中していると「本気だ」と認識して、記憶スイッチをオンにしてくれます）。

❷回数……記憶を定着させるには復習が必須（脳は、何度も入ってくる情報を「重要」と判断して、記憶に残そうとしてくれます）。

❸感情……心が揺さぶられた記憶、感情が動いた記憶ほど残りやすい（脳は、感情が伴った情報を優先して記憶するため、面白がって学習すると反応してくれます）。

「①意志」と「②回数」については、経験的にすんなりと納得いただけるはず。

「③感情」について、詳しく説明しておきましょう。それは、海馬の隣に位置する**「扁桃体」**という小さな領域と、密接に関係している話です。

扁桃体とは海馬の隣、側頭葉の内側の奥に位置する直径約1cmの部位のこと。扁桃体の役目は「快・不快」を仕分けることです。

扁桃体が「快（好き）」と判断すると、ドーパミンという神経伝達物質（快感や多幸感を得たり、意欲を生み出したり感じたりするホルモン）が分泌され、海馬にプラスの刺激が及びます。すると、記憶力が高まったり、思考力が深まったり、達成感が生じたりという効果が表れるのです。

反対に「不快（嫌い）」と判断すると、ストレスホルモンが分泌され、記憶力など様々な能力が低下し、増えるはずの神経細胞も増えにくくなり、長い目で見ると海馬の萎縮を招きます。

つまり、扁桃体でポジティブな感情が生まれると、海馬が刺激されることで記憶が強化され、短期記憶が長期記憶に格上げされやすくなります。

たとえば楽しい思い出は、インプレッション（印象）が強く、感情が大きく動くので、無理に覚えようとしなくても自然に記憶に残るのです。

そんなメカニズムを学習面で活かせば、

記憶力は「快（好き）」と感じるだけで上がる

記憶作業がはかどるのは当然でしょう。

記憶力とは「情報を加工」する力

では海馬が「大事」と判断した情報を、どうすれば長く維持できるのでしょうか？

私たちができる記憶の方法は、2つです。

1つ目は、何度も唱えて覚えること。

この手法を認知心理学の用語で「維持リハーサル」と言います。その名の通り「**記憶を維持するために、自分で何度もリハーサルを行う方法**」です。

先ほど「海馬が長期記憶と認定してくれる3大条件」として「回数」を挙げましたが、何度も脳に叩き込むことで、数十秒程度は記憶をキープし、思い出せます。

身近な例で言うと、「九九」を覚える時の手法が「維持リハーサル」の代表格です。

通常、小学2年生で教わる九九。たいていのお子さんは暗唱を何度も機械的に繰り返すうちに、一の段から九の段までそらで言えるようになります。

大人だって、この維持リハーサルを一度はしたことがあるはず。たとえばあなたは、身近な人の電話番号やお店の電話番号を暗唱した経験はないでしょうか。
(現代ではスマホが普及しているため、電話番号を一瞬で交換することは容易です。またメモ帳を携帯していれば、正確にメモすることも可能でしょう)

あるいは買い物に行く時。「今日必ず必要なのは大根、豚肉、洗剤。大根、豚肉、洗剤……」などと唱えながら記憶をキープしようとしたことはないでしょうか。

それこそが維持リハーサルです。

記憶の方法の2つ目は、「精緻化」です。
「精緻」という字面から、精緻化とは「非常に細かい点にまで注意を行き届かせること」と解釈する人がいるかもしれません。ただ認知心理学の世界では「効率的な記憶のための手法」の名称として、「精緻化」という言葉を使います。

うんとわかりやすく言うと「与えられた情報を、そのままの形で覚えるのではなく、個人的な新しい意味付けをしてから頭に入れる方法」です。その情報に対して何か気付いたり、何かイメージが浮かんだり、ということも精緻化になり得ます。

例を挙げてみましょう。

「export」という英単語を覚える時。

「ex」という接頭辞は「外へ」、「port」は「運ぶ」だから「外へ運ぶ」、つまり「輸出」という意味になる……と気付くことも精緻化です。

あるいは、そのような分解が難しい英単語の場合。たとえば「solve」（動詞）を覚えたい時。**「自分が試験問題を解いている姿」を頭に描いておくだけでも、立派な精緻化**になり得ます。なぜなら、イメージの中に「自分」が登場するからです。

脳は、「自分自身に関係があること」が大好き。**「自己関連付け効果」**（26ページ）が発動して、記憶が強化されます。

また、昔から多くの人たちに親しまれてきた「語呂合わせ」も精緻化に含まれます。

「鳴くよ（794）うぐいす平安京」「人の世むなしく（1467）応仁の乱」「以後

涙（１５７３）にくれる足利義昭」「人群れ騒ぐ（１６０３）江戸幕府」「いち早く（１８８９）できた帝国憲法」……。

歴史の勉強で、年号を語呂合わせで覚えたという人も多いのではないでしょうか。

自分をイメージに入れるだけで立派な「精緻化」になる

このように情報の形をひと手間かけて加工するだけで（＝精緻化）、「短期記憶」は「長期記憶」へと格上げされやすくなるのです。

「繰り返し唱える」は苦しいし、短期間しか記憶を保てない

「情報にひと手間をかけて加工するなんて、面倒くさい。私は機械的にブツブツと唱えて覚える維持リハーサルだけでいいです」

そんな声も聞こえてきそうです（笑）。お気持ちはよくわかります。

しかし、維持リハーサルには大きな限界があります。**維持リハーサルによって短期記憶を長期記憶に確実に格上げするには時間がかかるし、非効率的**なのです。

もちろん例外はあります。たとえば自分の電話番号や誕生日など、自分自身に深い関連のある情報なら、維持リハーサルで乗り越えられてきたことでしょう。またこれからも半永久的に記憶を保持できるでしょう。それは**あなた自身に深く関連した重要な情報だから**です。それらを忘れてしまうと、日常生活で大きな問題が生じるくらい、生きていく上で必須の情報だからです。

一方、資格試験対策などのために、大人が新規に情報を記憶したい時。それらの情

報を覚えられなくても、日常にすぐ支障が出るわけではありませんよね。

そのような場合、維持リハーサルだけで長期にわたって記憶を保持させるのは至難の業。何より本人が疲れ果ててしまうことでしょう。また「こんなに覚えられない」と勉強自体を嫌いになってしまいかねません。

とはいえ維持リハーサルだけで記憶が長く維持できないのは「本人の頑張りや根性が足りないから」という精神論とは無関係。それよりも、人の脳の発達段階と、大いに関連しています。


小学校低学年くらいまでのお子さんの脳は「意味のないもの」を覚えるのが大得意。ですから、九九の暗唱やトランプの神経衰弱など「見聞きしたものをそのまま覚えること」に適しています。

トランプの神経衰弱などは、記憶の技術を使わなければ、私でさえ小学2年生に負けることさえあります。

（大人の場合、精緻化する技術を駆使して記憶します）

ただし、成長するにつれ脳の性質は変わっていきます。

教育学者、心理学者ジャン・ピアジェは、小学校高学年くらいから「論理的な思考や記憶ができるようになる」と説いています。つまり脳の構造が変わるため、高学年以降は「意味のない事柄」を覚えることが難しくなってしまうのです。したがって、**大人が記憶をしたい時に維持リハーサルだけで乗り切ろうとするのは、非常に高リスク**です。

また、脳の仕組みから考えても、維持リハーサルに頼ることはおすすめできません。維持リハーサルでできるのは主に「情報を短期記憶として維持すること」。長期記憶に押し上げることは、不可能ではありませんが、非常に時間がかかります。

ではいったい脳がどのように「短期記憶」として情報を維持しているのかというと、**「ワーキングメモリ」**という機能によってです。

ワーキングメモリは、脳の前頭前野という場所がコントロールしている機能で、単に情報を保持する以上の役割を持っています。他の様々な心的作業も担当しています。たとえば入ってきた情報を脳内に一瞬で記録し、「どの情報に対応すればよいのか」優先順位を整理し、不要な情報を削除したりしています。ワーキングメモリは起きている間、ずっと目まぐるしく働いていると形容できます。

維持リハーサルによって情報を短期記憶として維持する場合、このワーキングメモリで管理することになります。すると、当然ながら情報と情報が混在することになり、早く失われやすくなります。

わかりやすい例を挙げてみましょう。

維持リハーサルで電話番号を覚えたあと、数を数え始めるとします。どんなにやる気がある人でも、「頭がいい」と評判の人でも、数十まで数えたら、記憶したはずの電話番号は、頭から丸ごと消えてしまっているのが普通です。

それはワーキングメモリの容量に限界があるからで、致し方ありません。だからこそ、記憶には精緻化が必要なのです。もし、その電話番号を語呂合わせで覚えていたら、数百、数千まで数を数えた後でも、記憶をラクに思い出せるはずです。

記憶の流れは「覚える」「保持」「思い出す」の3ステップ

ここまで「維持リハーサル」と「精緻化」という2つの記憶の方法についてお話ししてきました。どちらの方法についても共通している「記憶の流れ」についてもお伝えしておきます。

専門的に言うと、記憶の流れは次の3つのステップに分類できます。

❶「（覚えたい事柄を）何度も脳に叩き込むこと」→「**記銘**」
❷「記憶をキープすること」→「**保持**」
❸「思い出すこと」→「**想起**」

この3つの工程を経て初めて、「記憶」と呼べるものになります。

「維持リハーサル」と「精緻化」の、最も大きな違いは「記銘」の段階です。

「何度も暗唱する」という記銘の手法により、記憶を保持するのが「維持リハーサル」（ただし短期間しか保持できない）。

「情報の形を脳にインパクトがあるように加工する」という記銘の手法により、記憶を要領よく保持するのが「精緻化」（長期間、保持できる）。

　さて、あなたはどちらを選びますか。おそらくほとんどの人が、「維持リハーサル」よりも「精緻化」を選びたくなるはずです。

　そもそも維持リハーサルを重ねる過程で、言い間違いや覚え間違いなどで間違った情報を記銘してしまうと大変です。特に電話番号なんて、1桁でも間違えて覚えてしまうと、

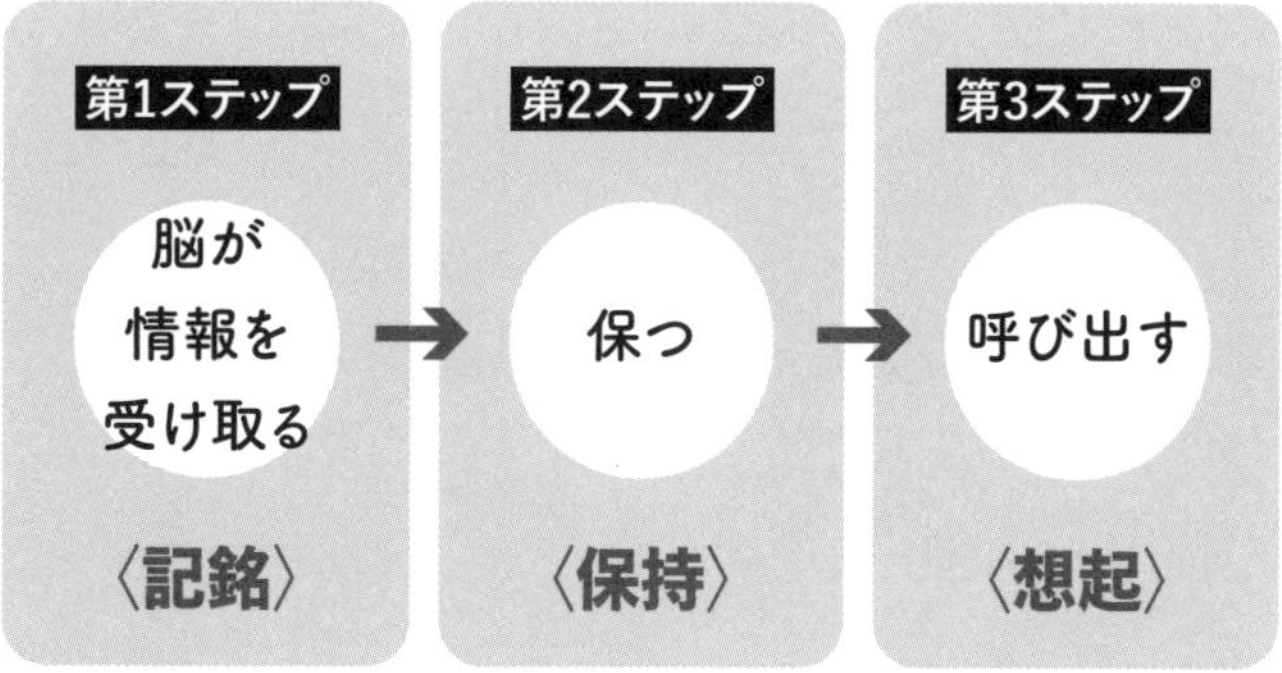

何の役にも立ってくれません（笑）。そのような意味でも、間違える危険性が極めて低い「精緻化」のほうに軍配が上がるはずです。

「IP化」とは、記憶にタグを付けること

では、いったいどうすれば精緻化ができるのでしょうか。

精緻化の本質とは「覚えたい事柄と感情を紐付けるために、技術を使うこと」です。噛み砕いて言うと「覚えたい内容」をイメージ化、エピソード化（物語化）など加工した形にして、脳に見せることです。

実際、昔からある一般的な「記憶術」と呼ばれるものは、認知心理学の「精緻化」の考え方を多かれ少なかれ取り入れています。「より具体的な形へと落とし込んだもの」と形容できるでしょう。40代半ばの私が記憶の世界に足を踏み入れた時、そう気付くことができました。

ただ、1つの流派で1つのメソッドしか紹介をしていなかったり、「その技法は◎

◎の暗記には全く使えない」などもどかしい気持ちになることがよくありました。ですから「**あらゆるジャンルの暗記に対応できる、汎用性の高い記憶法**を開発したい」と思ったのです。

そこで私は、日本人に合うように改良を重ね、記憶内容によって手法を分類し、「ＩＰ記憶法」という体系を確立させました。「今までの記憶法の良質なエッセンス」だけを抽出し、それらを効果的に統合し、新しい記憶法を生み出したのです。

つまりＩＰ化とは従来の記憶法を超える〝万能の記憶法〟です。

本書で紹介している「ＩＰ化」は「精緻化」を一般の方でも使いやすく、より具体的にアレンジしたものです。具体的なＩＰ化の方法については後に譲るとして、ここではその定義について触れておきます。

ＩＰとは、イメージプロセッシング（Image Processing）の略語。普通に訳すと「画像処理」という意味になります。

ですがここで言う「イメージ」とは「目に浮かぶ像」だけに留まりません。**感触や匂い、味、音など五感全てに関わる微妙なニュアンス**まで広く含まれています。

そんな**「イメージ」を記憶対象の中から抽出し、他のものに関連付けたり、わかりにくい言葉を加工したり、記号や言葉とイメージを相互変換したり。そんな処理（Processing）を行うことが**、イメージプロセッシングの定義です。

平たく言うと、**IP化とは「情報を記憶しやすいように分解、転換、加工、関連付けをするテクニック」**の総称です。

ランダムな数字を覚える時、英単語を覚える時、難しい漢字を覚える時、年表などの表を覚える時など、それぞれ違う技法を使って加工します。要は言葉を操作したり、イメージ化をしたりすることで、情報を加工するわけです。

本書では、A4・1枚記憶法に最適なIP化の技術を10技法お伝えします。学校のカリキュラムの全教科、そしてあらゆる資格試験の勉強に活用いただけます。この汎用性の高さこそ、IP化の大きな特徴です。

また「**誰にでも実践できること**」を目指し、再現性にもこだわってきました。その結果、辿り着いたのがこの「A4・1枚シート」です。あなたにも、IP化の卓越性や楽しさを実感いただきたいと願っています。

たとえて言うと、IP化とは無秩序な情報にタグ付けをして、脳の中を効率よく整理・収納していく営みです。

パソコンで作業をする時。通常はプロジェクトごとにフォルダを作り、そこにファイルを収めるものです。なぜなら、そうしたほうがデスクトップの画面が散らからないし、作業に取り掛かるのもスムーズだからです。もしフォルダを作らず、ファイルを乱雑に並べていたら、目当てのファイルを探し出すのにムダな時間を費やしてしまいます。

お子さんのおもちゃも然り。様々な種類の遊び道具を、大きな1つの箱にどんどん放り投げて収納していた場合。好きなおもちゃを取り出したくても、なかなか見つからないことでしょう。でも「ままごと」「ぬいぐるみ」「お絵描き用の道具」「絵本」

IP化を行うと欲しい情報をいつでも取り出せる

と分類すると、欲しいものをすぐに見つけることができます。

常に情報が溢れている人の脳の中も、同じこと。IP化とは〝タグ付け〟のようなものですから、欲しい情報をいつでも迅速に取り出せるようになります。そのための整理・収納の技術を、本書は惜しみなくお伝えしていきます。

高学歴エリートが、無意識にやっていること

とはいえ「ＩＰ化？　なんだか難しそう」と、身構えることはありません。なぜなら程度の差こそあれ、誰もがＩＰ化と呼べる記憶法を、既に実践しているはずだからです。前にも触れた通り、その代表格は語呂合わせによる記憶です。

有名な例を挙げておきましょう。きっといずれかは見聞きしたことがあるはずです。

■無理数$\sqrt{2}$の小数第8位まで（1.41421356）→「一夜一夜に人見ごろ」

■原子番号1から10までの元素（水素、ヘリウム、リチウム、ベリリウム、ホウ素、炭素、窒素、酸素、フッ素、ネオン……）→「水兵リーベ僕の船」

■「親」という漢字の書き方→「木の上に立って見る」

このような語呂合わせに触発されてでしょうか、無意識のうちに自己流で情報をＩＰ化し、実生活で役立てている人も存在します。

京都大学卒のアナウンサー、Aさんのエピソードをご紹介しておきましょう。

Aさんと出会ったのは、大阪のテレビ局。バラエティ番組の収録でした。

「記憶法を習得したことがないゲストの人たちに、制限時間内に記憶に取り組んでもらう」という趣旨の番組です。その中で、抜きん出た好成績を叩き出したのがAさんでした。

不思議に思った私は収録後、彼に「どうやって覚えたのですか」と尋ねました。すると驚くべき答えが返ってきたのです。

「僕は関西人ですから、生粋の阪神タイガースファン（笑）。歴代選手の名前と背番号が、脳内で完全に一致しています。だから記憶をする時は、覚えたい内容と、選手の名前もしくは背番号を、自分なりのイメージで紐付けて頭に入れているんですよ」

私は得心すると同時に「さすが！」と感心させられました。

察するに、Aさんのように学校教育において成功を収めた人は、意識をせずとも自己流で記憶法を編み出し、活用されているのかもしれません（もしかすると、あなたも既にそうかもしれませんね)。

Ａさんには「それは、記憶法の一つですよ。素晴らしいですね」とお伝えして、お別れしました。

たとえ断片的であれ、彼のように「ＩＰ化をして実生活に役立てている」という人が増えれば、どんなに素敵なことでしょう。より多くの人が、より早く自分自身の夢の実現に近づけることになります。

ですが残念ながら、そんな人はまだ少数派。だから私はＩＰ化の技術を広めたいのです。**自分の夢を最短距離で叶える人が増えれば、国全体の幸福度も高まる**はずです。

私たち日本人は昔から「勤勉であること」「真面目であること」「努力すること」などを美徳としてきました。もちろん、それらは素晴らしいことです。そのようなガンバリズムを否定したいわけでは全くありません。しかし暗記に取り組む際は、ガンバリズムの精神は時に害悪になり得るのです。

■どうすれば、高効率なやり方で早く大量に確実に覚えることができるのか
■省ける手間はないか（自分のリソースを最大限に活用するため）
■楽しく覚えるにはどうすればよいか（持続可能性を高めるため）

このような合理的な視点も重要です。私たちの手持ちの時間は有限だからです。

「覚える作業」に埋没する前に、覚え方自体を検討する。

ショートカットできる道を探す。

タイムパフォーマンスがより高い手段を探す……。

そんなある意味〝不真面目〟な姿勢も、おすすめしたいと思います。

よい意味での〝面倒くさがり屋〟になりましょう。

詳しくは6章でお話しいたしますね。**「不真面目、万歳！」**です。

実際書いてみた！ A4・1枚記憶シート

●徳川15将軍

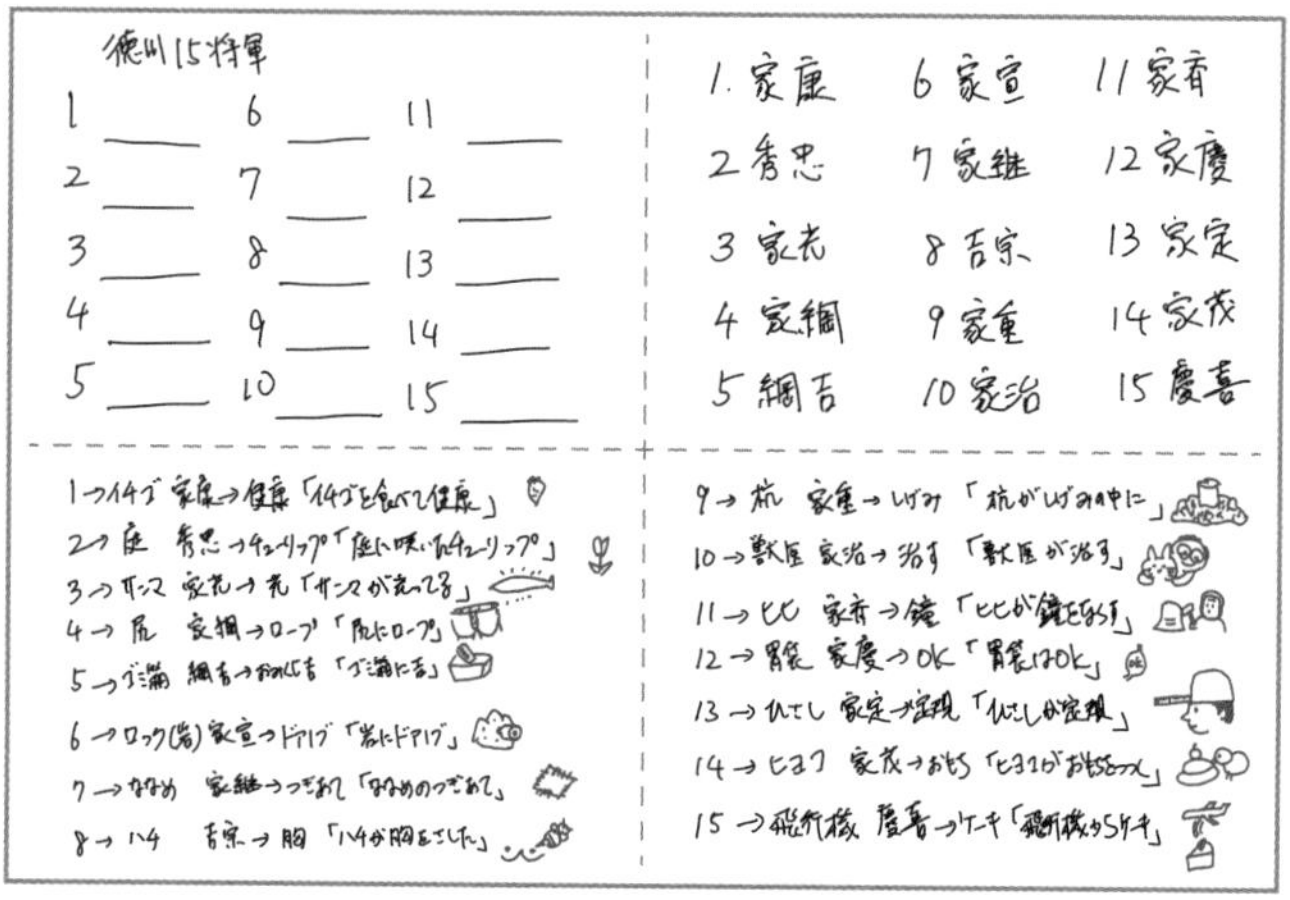

徳川15将軍

1 ＿＿ 6 ＿＿ 11 ＿＿
2 ＿＿ 7 ＿＿ 12 ＿＿
3 ＿＿ 8 ＿＿ 13 ＿＿
4 ＿＿ 9 ＿＿ 14 ＿＿
5 ＿＿ 10 ＿＿ 15 ＿＿

1. 家康 6 家宣 11 家斉
2 秀忠 7 家継 12 家慶
3 家光 8 吉宗 13 家定
4 家綱 9 家重 14 家茂
5 綱吉 10 家治 15 慶喜

1→イチゴ 家康→健康「イチゴを食べて健康」
2→庭 秀忠→チューリップ「庭に咲いたチューリップ」
3→サンマ 家光→光「サンマが光ってる」
4→尻 家綱→ロープ「尻にロープ」
5→ゴ満 綱吉→おみくじ「ゴ満に吉」
6→ロック(岩) 家宣→ドアノブ「岩にドアノブ」
7→ななめ 家継→つぎあて「ななめのつぎあて」
8→ハチ 吉宗→胸「ハチが胸をさした」

9→杭 家重→しげみ「杭がしげみの中に」
10→獣医 家治→治す「獣医が治す」
11→ヒヒ 家斉→鐘「ヒヒが鐘をならす」
12→胃袋 家慶→OK「胃袋はOK」
13→ひさし 家定→定規「ひさしが定規」
14→ヒヨコ 家茂→おもち「ヒヨコがおもちをつく」
15→飛行機 慶喜→ケーキ「飛行機からケーキ」

●getの句動詞

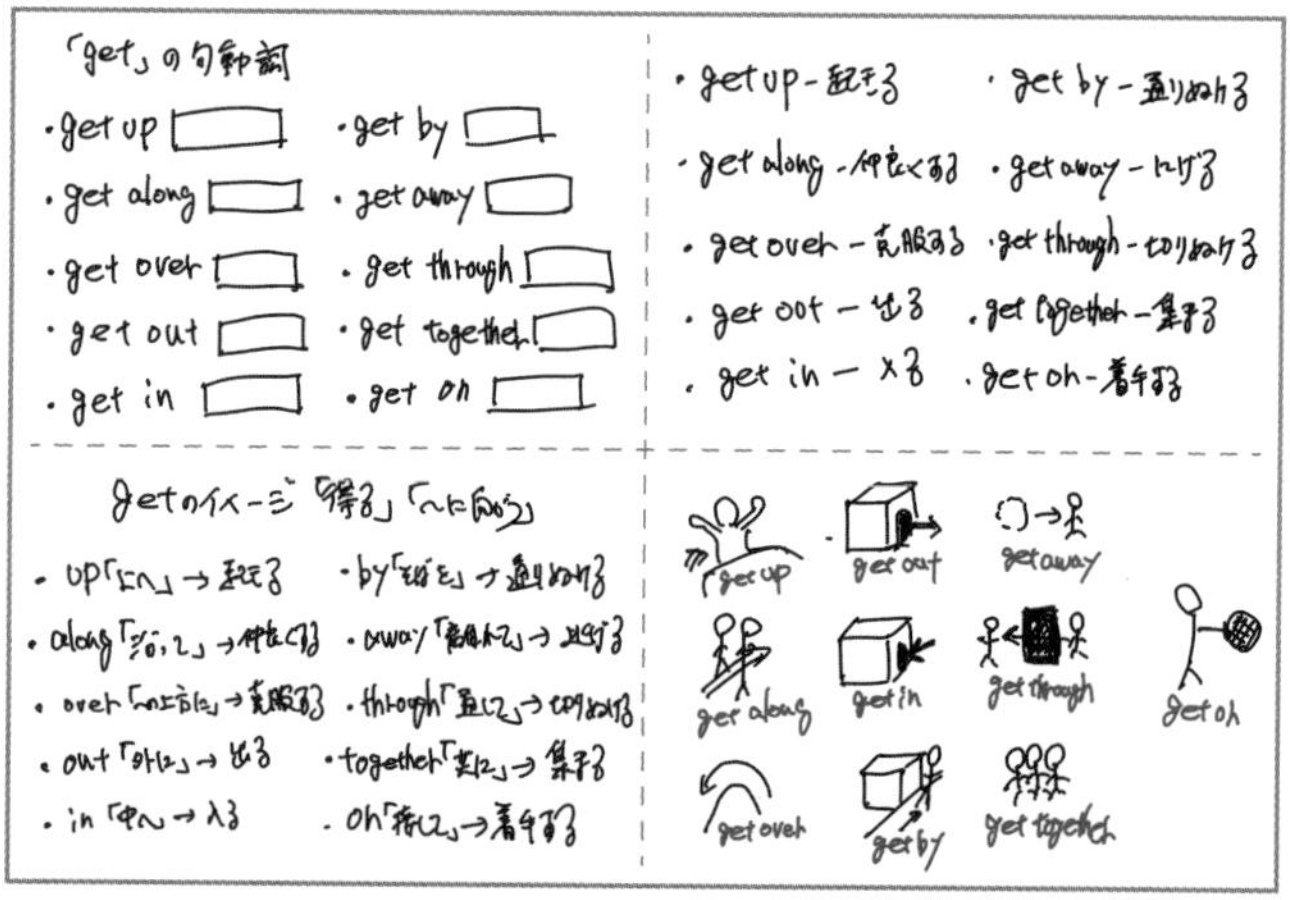

「get」の句動詞

・get up □　・get by □
・get along □　・get away □
・get over □　・get through □
・get out □　・get together □
・get in □　・get on □

・get up－起きる　・get by－通りぬける
・get along－仲良くする　・get away－にげる
・get over－克服する　・get through－切りぬける
・get out－出る　・get together－集まる
・get in－入る　・get on－着手する

getのイメージ「得る」「～に向かう」

・up「上へ」→起きる　・by「そばを」→通りぬける
・along「沿って」→仲良くする　・away「離れて」→逃げる
・over「～の上方に」→克服する　・through「通して」→切りぬける
・out「外に」→出る　・together「共に」→集まる
・in「中へ」→入る　・on「接して」→着手する

第3章

A4・1枚記憶法の使い方

シート作成編

頭のいい人、悪い人の差は「脳の加工技術」の差

前の章ではＩＰ化についてご説明してきました。

ＩＰ化とは、情報を記憶しやすいように分解、転換、加工、関連付けをするテクニックの総称です。より具体的に見ていきましょう。

単なる文字の情報を、維持リハーサルによりそのまま記憶することを「**意味記憶**」と言います。

たとえば「$\sqrt{3}$ は1.7320508……」という近似値を覚えたい場合。単なる数字の羅列でそれ自体に意味はありませんから、丸暗記をするのは困難です。しかし「1.7320508」を「人並みにおごれや」と語呂合わせの加工をして単なる数列に意味を持たせ（有意味化）、そのイメージを膨らませ、「面白いな……」と感情を動かすと、脳に一連の変化が起こります。

感情に反応する扁桃体が動き、そのすぐ隣の海馬も強く働くため、長期記憶となる

のです。このような感情を含む記憶を「**エピソード記憶**」と呼びます。

そして、このような情報の加工を施すことが、ＩＰ化というわけです。

記憶力大会で「バシングスン・ウェイト」という外国人の名前を覚えた時の話です。名前自体に意味はないので、やはり覚えにくいもの。そこで次のような物語を作ります。

「この人はボクサーで、大会直前なのに減量がうまくいっていない。それをトレーナーに叱られ、体重計の上でうなだれている」（「バシンとやられ、ウェイト計に乗り、グスンと泣いているところ」をイメージする）。

つまり自分の中でイメージを膨らませ、ストーリーを作り「叱られてかわいそうだな」などと感情を動かすと、やはり扁桃体と海馬が強く反応してエピソード記憶となり、長期記憶に格上げされます。この加工もＩＰ化のひとつです。

要は、**情報を加工して印象深くする技術がＩＰ化**というわけです。

さらに言うと、**情報を圧縮する技術もＩＰ化**です。多くの情報を要領よく、苦も無く大量に圧縮できる人ほど、多くの情報を覚えられることになります。

たとえば和食の基本調味料の覚え方「さしすせそ」や、栄養バランスのいい食材の覚え方「まごわやさしい」が、わかりやすい例でしょう。

■さしすせそ
「さ」……砂糖
「し」……塩
「す」……酢
「せ」……醤油（せうゆ）
「そ」……味噌（みそ）

■まごわやさしい
「ま」……豆類

「ご」……ごま
「わ」……わかめ（海藻類）
「や」……野菜
「さ」……魚
「し」……しいたけ（きのこ類）
「い」……いも類

「さしすせそ」「まごわやさしい」のように、情報を圧縮する方法をチャンキング（chunking）と呼びます。チャンク（chunk）とは「かたまり」という意味です。チャンキングを行う際にも、イメージをするプロセスこそが重要なのです。

このように、あらゆる情報はイメージ化によって記憶に残りやすくなります。なぜなら**情報をイメージに変え、頭の中にそれを思い浮かべることで、脳はその情報を「経験した」と勘違いしてくれる**からです。興味深いことに、脳は現実（リアル）と

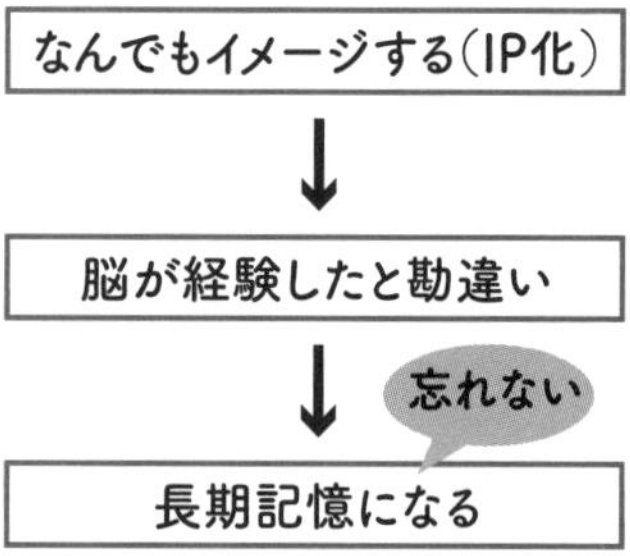

イメージ（虚構）の区別がつきません。そして**そのイメージが強烈であればあるほど、感情が強く動かされ、長期記憶として強く残ります。**

ただし、このＡ４・１枚記憶法を行う時、一つ注意点があります。

覚えたい事柄の内容は、理解をしておいてください。あやふやな理解のまま、うまく記憶ができたとしても、試験本番で使える情報にはなりにくいものです。

記憶の先にアウトプットを見据え、きちんと得点につながるよう、丸暗記で終わらせないようにしてください。

手書きで、脳を目覚めさせる

このＡ４・１枚記憶法の大きな特徴は、手書きにこだわる点です。テキストやイラストを、パソコンやスマホなどのデジタル端末で作成するのではなく、あなたの手で

書いて（描いて）ほしいのです。

もちろん、例外はあります。

今後、ＩＰ化に習熟して大量の情報をチャンク化して1枚に収めるような場合。

問題（第1象限）や解答（第2象限）については「（縮小）コピーした紙を貼り付ける」というスタイルでも構いません。そうでないと、字の大きさが著しく小さくなってしまい、書くこと自体に疲れたり、判読しづらくなるからです。

ですが、そんな時でもＩＰ化のエリア（第3・第4象限）については、手を動かして直筆で埋めるようにしてください。その作業自体を通して、脳にアプローチをかけ、活性化を促せるからです。結果、感情や思考が引き出されたり、整理されたり、理解が進んだり、覚えやすくなったりします。それらの効果は、キーボード入力（スマホのフリック入力）よりも手書きのほうが顕著なのです。

ではいったいなぜ、手書きでは多くの効能が得られるのでしょうか。

答えは、指先の豊富な神経細胞にあります。**指を多く使えば使うほど、指先の神経**

ホムンクルスの模型

細胞と脳が連動し、脳の神経細胞を多く働かせることができるからです。それは、「ホムンクルスの図」を見れば明らかです。

ホムンクルスの図とは、カナダの脳神経外科医、ワイルダー・ペンフィールドが体のそれぞれの部分を支配する「脳の神経細胞の量」を「体の表面積比」で表わしたもの。「図の中で大きく描かれている部分ほど、体の他の部分より、脳が多くを使っている」と解釈してください。

具体的に言うと、手や唇が大きいのとは対照的に、胴体や足や腕は小さいですよね。

脳は全身の部位をモニターしていますが、その量は各部位が均等ではなく、手や唇に大きく偏っているというわけです。大脳生理学の権威、久保田競《きそう》氏（京都大学名誉教授）も著作『手と脳』（紀伊國屋書店）の中で「動物が高等になるほど手と口に対応する領域が広くなる」と指摘をしています。

ホムンクルスの図を三次元化（立体化）したのが、次の「ホムンクルス（脳のこびと）」です。この模型の実物は、ロンドン自然史博物館に展示されています。やはり手と唇の大きさが顕著であることが見て取れます。

「大きく表現されている手や唇ほど、体の他の部分より、脳が多くを使っている」

この事実を言い換えると、「手や唇を多く使うことが脳の活性化につながる」という意味になります。体の各部位と脳は、相互にフィードバックをし合っているものだからです。したがってＡ４・１枚記憶法でも、脳をより活性化させてくれる「手書き」を推奨しているというわけです。

科学的な根拠は他にも数多く存在します。

①東北大学の研究

自分の指先を使う**「手書き」は、指先を繊細に動かす必要があるので、脳の「前頭前野」を活性化させ、記憶にも残りやすくなる**ことがわかった。一方、**デジタルツールを使った場合、脳の働きは活性化しない**という結果が出た。

②ノルウェー・スタヴァンゲル大学とフランス・マルセイユ大学の共同研究

手書きとタイピングの双方の状態で脳の働きをＭＲＩスキャンしたところ、**手書きをしている人の脳でのみ、言語処理に関わる「ブローカ野」が活性化する**ことが明らかになった。

③米・プリンストン大学とＵＣＬＡの3種類の共同研究

１つ目の研究では、手書き組とパソコン組に、それぞれ15分の講演を見せてメモさせ、理解度をテストした。事実関係に関する質問では両者に差はなかったが、**考察が**

必要な概念的な質問では手書き組が優れていた。

２つ目の研究では、パソコン組に自分の言葉でメモをするよう指示して、両者に同様の実験を行うと、パソコン組のテスト結果はより下がった。

３つ目の研究では、両者にメモを見直し試験準備をするよう指示し、１週間後に同様の実験を行うと、手書き組の成績のほうが優《まさ》った。

※これらの理由については、「パソコンへのメモでは『聞いた言葉のタイピングに追われて、内容を理解したり、脳にプログラミングをする』という記録行為の利点が、なくなるからではないか」と推察されている。

ほかにも、「手書きのほうが、タイピングよりも自分の考えをうまく表現できる」という米・ネブラスカ大学リンカーン校のケネス・キウラ氏の発言があります。かのビル・ゲイツ氏も、会議やスピーチに「手書き用のノート」を持参し、部下任せではなく自ら綿密なメモを取ることが知られています。ＩＴ業界の世界的な立役者が、デジタルガジェットではなくアナログな手書きにこだわるとは、何とも示唆的な話ではないでしょうか。

手書きの場合は、「見聞きしたこと」をそのまま記すのではなく「**自分の言葉にする**」という工程が加わります。つまり**要約したり、具体的な言葉を抽象化したりというプロセス**です。その瞬間、感情が動き、記憶が強化され、新たなひらめきも湧きやすくなります。だから手書きならではの価値が生まれるのです。私はその効果を「**思考の入る隙間（余裕）がある**」と表現し、大事にしています。

A4・1枚記憶法に取り組む際も、これらのメリットを意識しながら手を動かし、情報に新たな価値を付加してください。

スピードを記憶に活かす

さあ、手書きの圧倒的な卓越性を認識したら、あとは実際にA4・1枚シートを作成していきましょう。

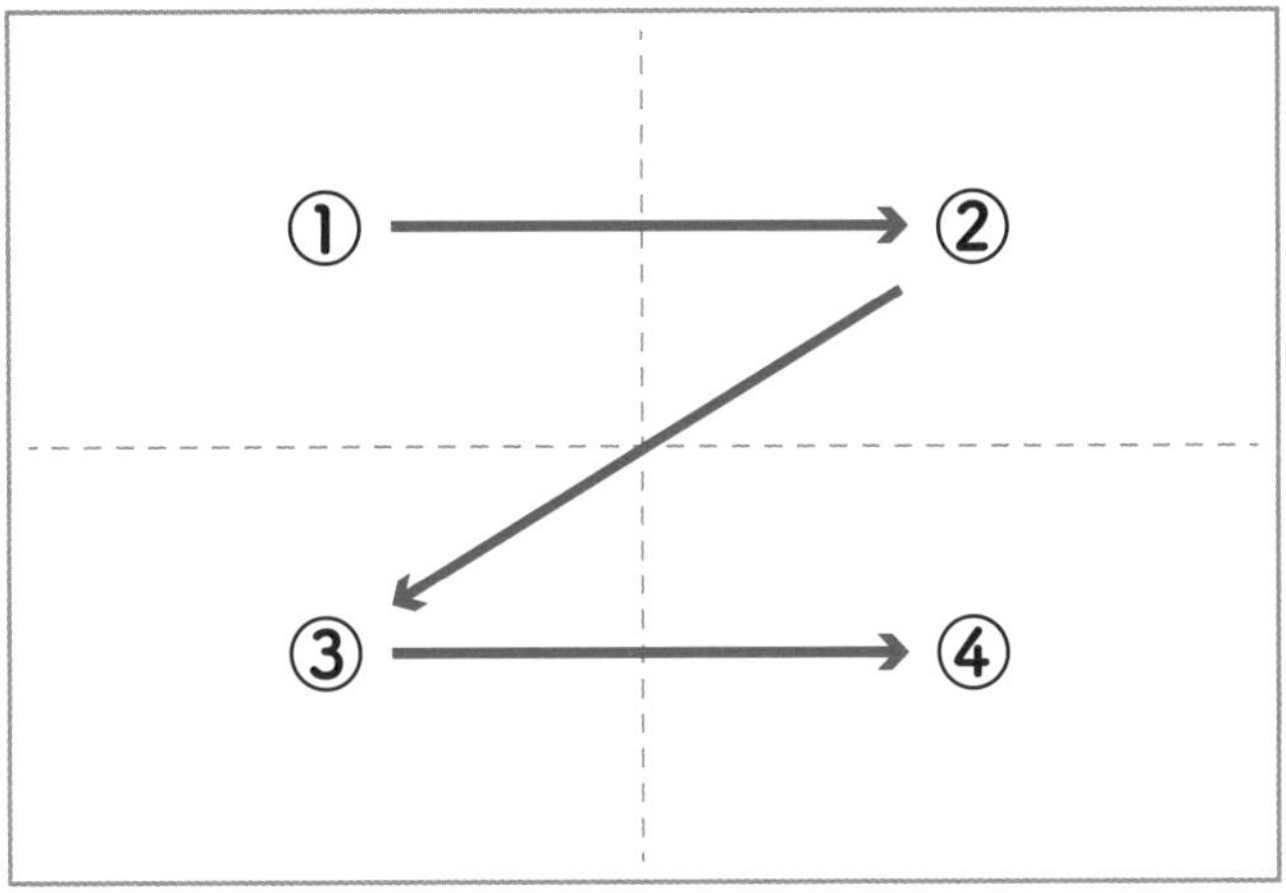

記入の仕方は簡単です。紙を折って4つのエリアに分けて〝Z〟の順に埋めるだけ。

いったいなぜ〝Z〟の順がよいのかというと、**頭の中でＩＰ化をしている時の流れと同一だから**です。「問い」→「答え」→「文字によるＩＰ化（気付き）」→「イメージによるＩＰ化」という記入の順序は、うんうん唸って考えなくても、脳が自動的に働いてくれる流れです。

フォーマット自体がスムーズにできているわけですから、なるべくスピード感をもって手を動かしてください。コツは「うまく作ろう」「完成度を上げよう」などと、自分への期待値を上げ過ぎないことです。

そもそもこのシートは「人に見せて賞賛を集めるためのもの」ではありません。シートに描いた絵の上手さや語呂合わせの巧みさで、多くの人から「いいね」を集めなければいけないわけでもありません。「あなたが本番で、目覚ましい結果を叩き出すこと」が第一義であるはず。

だから、仕上がりが下手でも、ヘンテコでも、非現実的なことが記されていてもよいのです。ひとりよがりな内容でよいのです。むしろそのほうが、脳に強烈なインパクトを与えられます。

最も大事なのは、自分で書く（描く）というプロセスです。

覚えたい事柄について、自力でIP化を行った場合（自力でイメージを生成した場合）、自分自身や身近な人、自分の好きなこと（もの）や興味のあること（もの）がイメージの中に登場しやすくなるものです。つまり自分の中に既にある情報に紐付けて覚えようとするため、記憶は定着しやすくなります（**自己関連付け効果**／26ページ）。

また追手門学院大学の豊田弘司教授の研究によると「実験者呈示精緻化（他人が行った精緻化）」よりも「自己生成精緻化（記憶する本人が行った精緻化）」のほうが記憶テストの成績が高くなる傾向がある、とわかっています（**自己生成効果**／26ページ）。

そういった意味では「書き損じ」（誤記）も、あなたの大事な思考の軌跡。自己生成の結果です。「なぜ、そう誤って書いたのか」を分析することで、気付きが得られることもあります。ですから**書き損じは、あえて消さずに残すことも有効**です。

とはいえ「ＩＰ化ができない」ということが起こることもあるでしょう。

「この年号の語呂合わせがどうしてもできない」

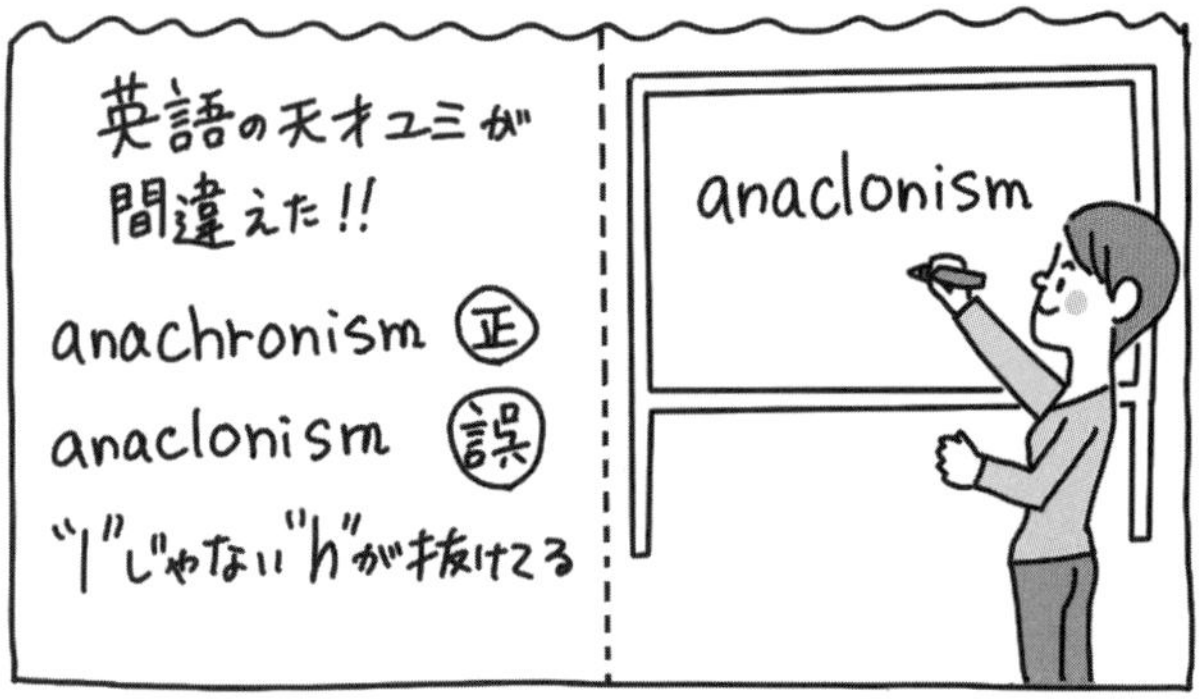

「この英単語からは、何のイメージも浮かばない」

そんな時こそチャンスです。

「IP化が難航した」という事実があれば、「悲しい」「悔しい」などの感情が動くわけですから、立派な「エピソード記憶」になりやすいのです。素直に「これだけは、どうしてもイメージが湧いてこない！」と書いておきましょう。

もしくは、その事柄にまつわる事実を書いておくだけでも十分です。

「予備校の田中も『売掛金には1年基準が適用される』と誤解していた。会計のカン違いポイント！」

「ユミがanachronismをanaclonismと誤記。lではないし、hも抜けてる。注意！」

このように全く何も書かないよりも、一言でも書いておくほうが、ポジティブな記銘になります。書き留めることで感情が少なからず揺り動かされるわけですから、それも広義のIP化となるのです。

あるいは手持ちの情報や時間が全くない場合。そこは空白のまま保留にして、何か思いついた時に書き込むスタイルでもOK。何度も復習を繰り返すうちに、書きたいことが出てくるかもしれません。

たとえば、「井伊直弼」の「井伊」を「伊井」と誤答した場合。正しくは「井」から始まるのだと印象付けるために**「井伊直弼は桜田門外の変で、井戸を通って登城中に暗殺された」**と第3象限にテキ

ストで書き足す。そして「**井伊直弼**」「**井戸**」「**桜**」のイメージを、第4象限にイラストで足せばよいのです。

（これは偶然ですが……。井伊直弼は実際、『櫻の井戸』の脇を通って登城中に、水戸浪士たちに暗殺されたそうです。しかし、**ＩＰ化の際には真実にこだわる必要はなし。こじつけや虚構でも構いません**）

このように、シートを美しい〝作品〟と捉えるのではなく〝道具〟として使い倒し「本番でよき成果を出す」という成功体験を積み重ねてください。

１枚完結だから、「快」を保ちやすい

最小単位が「わずか１枚」という点も、このＡ４・１枚記憶法の魅力です。

脳には、**全体像を把握したがる性質**があります（このあと126ページ参照）。

Ａ４・１枚であれば、ページを繰らずとも全貌が視界に収まるため、脳を「先が見えない」と不安にさせる（不快感を与える）心配がありません。むしろ「これだけでよいのだな」と安心させ（快感を与え）、脳から最高のパフォーマンスを引き出すこ

とができます。

この「快」「不快」についても詳しくお話ししておきましょう。

脳科学の見方で言うと、脳による意思決定と、それによっておこる体の反応は「快」と「不快」の2種類しかありません。前述したように、扁桃体によって、五感から得た情報が「快」と「不快」に仕分けされます（37ページ）。「快」と判断されると、報酬系でドーパミンが分泌され、隣の海馬にまでプラスの刺激が及び、記憶力などが高まります。

脳は常に、「快」に向かって行動しようとします。そして「不快（危険なもの）」は避けようとします。ですから、記憶の作業も、学習一般も、脳にとって「快」であるように導いていくことが重要です。

誤解される方も多いのですが、脳にとっての「快」とは、決して「ラク」であることとは限りません。

たとえば脳は「簡単過ぎる課題に興味を示さない」という事実がわかっています。

また脳は「難しい課題を克服した時は、より大きな喜び（快）を得る」ということも明らかになっています。

ですから、A4・1枚記憶シートを作成する際は、覚えたい全範囲の中から、どこを選ぶかをよく吟味してください。ほぼ覚えている事柄ばかりをシート化しても飽きてしまいます。


そしてシート作成時には、自分の気持ちを最優先してください。

「見た目にこだわり過ぎる必要はないとわかっているけれど、きれいな色ペンでカラフルにデコレーション（装飾）をしてみたい」

「今一番お気に入りのシールを貼ってみたい」

そんな気持ちが湧いてきたら、ぜひ実行してみましょう。**あなた自身が「快」（喜びや楽しさ、面白さ、ワクワクする気持ち）を感じられる状態こそ最強**だからです。

「扁桃体で快の感情がかきたてられると、隣の海馬にまでよい刺激が及ぶ」という原則を、ぜひ覚えておいてください。

シート復習編

復習の頻度は「翌日、1週間後、2週間後、4週間後」で1クール

シートが完成したら、次は「復習」です。合計4回を目安に「復習」を繰り返し、覚えたい事柄を確実に長期記憶に格上げしましょう。

本書で言う「復習」とは、問題だけを見て思い出して（想起して）答える、いわゆるテストのことを指します。

「自分で自分に出題をして、何も見ずに答える」というスタイルです。

当然、想起をするには時間がかかります。また「今、とても脳を使っている」と自覚できるほど、しんどさもつきまといます。でもそんな過程こそが、記憶を定着させてくれます。それを**「テスト効果」**と呼びます（27ページ）。

ですから、結果に囚われ過ぎず、想起に果敢に取り組んでください。

仮にテストをしないとどうなるか、考えてみましょう。

あなたは試験前にテキストなどにマーカーで印を付けて「これはもう覚えたはずだ」と自信満々で試験に臨み、後で「やっぱり覚えていなかった！」と愕然とした経験はありませんか。「私はもう覚えた」と脳を過信するのは、非常に危険です。

中には「一度覚えたことは忘れない」という記憶力に長けた人も存在しますが、それはごく少数派。ほとんどの人にとって、一度で記憶を定着させることは至難の業です。「一度で覚えたぞ」と思えても、その記憶は急激に忘れてしまうのが通常です。なぜかというと、脳には「なるべく忘れよう」とする性質があるからです。

しかし、記憶の司令塔である「海馬」は、何度もインプットされる情報については「重要だ」と判断し、覚えようとしてくれます。したがって記憶を長く残したい場合には復習が必須となります。

コツは「忘れかけた頃」に復習することです。頭にインプットした直後に即、復習をしてもさして意味はありません。

一方、あまりに長く間を空けてしまうのも考えもの。「記憶にほとんど残っていない」という事態に陥り、再び記銘（覚えるために情報をインプットすること）に取り組まなければなりません。

では「忘れかけた頃」がいつなのかというと、シート作成日の翌日、それから1週間後、それから2週間後、それから4週間後というタイミングです。

とはいえ、これはあくまで目安です。あなた自身の予定に合わせて、本番から逆算して「忘れかけた頃」を探してみてください。

もちろん「即答できるもの（覚えたもの）」と「全く答えられないもの（覚えられなかったもの）」、結果は混在しているはず。でも、それでよいのです。「正答と誤答をあぶり出せたこと」に意義があると捉えましょう。

1回や2回の復習だけで「全問正解してやろう」なんて思わないことです。

結果をシビアに突き付けられる経験自体が、記憶を確実に強めてくれますよ。

記憶とはペンキ塗りのようなもの

「『忘れかけた頃』に復習を繰り返すなんて、面倒くさい。私はテキストを最初からじっくり読んで、ページの順番に沿って、全てをじっくりと頭に入れていきたい」

時々、こんな声もいただきます。しかし、それは脳の性質をかんがみると、推奨できない方法です。なぜなら脳がどうしても不安を感じてしまい、本来の力を発揮できなくなるからです。

脳は「未来が予測できない状態」や「先が見えない状態」を不快に感じます。**不確定な要素が高いと、不安になり、パフォーマンスを落としてしまう**のです。

そういった意味では、脳とは繊細なもの。ですから、脳に機嫌よく高効率で働いてもらうためには、「全体像」を見せることが肝心です（このあと１２６ページ参照）。

したがっておすすめしたいのは次の方針です。

×「じっくりゆっくりのペースで、全範囲の暗記をわずか1回だけ通して、完璧に仕上げる」
◎「スピードを保ちながら、全範囲を（雑でよいので）3～4回の復習を繰り返して、完璧に仕上げる」

後者のように全範囲を最初から最後まで3～4回繰り返して覚えるやり方を、私は「ペンキ塗り」によくたとえています。じっくりゆっくり、ペンキを濃く塗って1回で完結させるよりも、速さ重視で薄いペンキを塗り重ねていくほうが、結果的にムラなく、美しく仕上がりますよね。記憶をする際も、それと同じことが言えます。

「確実に、一度覚えただけ」の記憶よりも「数回覚えた（覚え直した、想起を重ねた）」記憶のほうが、より長く定着してくれます。

また脳は、もともと優秀です。一度全体像を確認すると、自動的に「足りないところ」「わからないところ」を補強してくれるのです。ですから最初は2割程度の薄い記憶でも、復習する度に足りない情報が補われて（記憶が増強されて）定着します。

要は、テストの回数を多く重ねた記憶のほうが、もちがよくなるわけです。

このA4・1枚記憶法のシートは1枚完結で、答える量も決して多くないため、心理的なハードルが上がらず、気軽に何度も繰り返せます。また折り目があるため、答えを隠したり見たりする動作もスムーズに行える構造です。

ですから、この記憶法は魅力的なのです。

記憶を強化させてくれる変化球的手法

記憶を定着させる方法のバリエーションについてお伝えしましょう。

1つ目は、「単純接触効果」（27ページ）を活用することです。

たとえば、A4・1枚記憶法シートを肌身離さず持ち歩き、寸暇を惜しんで眺めてください。たとえば2秒間、シートを眺めるだけでも脳は刺激されます。

記憶への意欲がかきたてられるため、苦手意識が弱まったり、実際によく覚えられるようになったりします。

住まいの目につきやすいところに掲示する、という手法も有効です。リビングやトイレなど、日常的に過ごす部屋の壁にこのシートを貼っておきましょう。

ただし、壁にものを貼るのが習慣になっていて、他にも大量の掲示物がある場合、そこには〝新奇性〟が乏しいため、脳にインパクトを与えづらいかもしれません。

また、単にシートを貼るだけの場合「壁の模様が変わったな」という程度にしか捉えてくれないので、印象を強めるために「**少し斜めに貼る**」「**色ペンでデコレーションをする**」などの工夫をしてみてください。

「なぜ斜めに貼っているのだろう」という違和感や「この色はカラフルで、見ているだけで楽しくなるな」という感情が、無意識のうちに湧いてくればしめたものです。

このように、家の外でも中でも、目にする機会を少しでも増やすことをおすすめします。すると「単純接触効果」が発動して、より強く覚えることができたり、勉強への苦手意識がなくなったり、勉強する内容への親近感が湧いたりすることでしょう。

この単純接触効果は、米・スタンフォード大学のロバート・ザイアンス名誉教授が実証したことから「ザイアンス効果」とも呼ばれています。「対象を繰り返し見ることで、対象の特徴とは無関係に好意度がアップしたり、印象が強くなる」という現象です。

「不得意（嫌い）だけれども覚えなければいけないこと」は物理的な距離を遠ざけるのではなく、近づけること。また接触する（目に入れる）回数をシンプルに

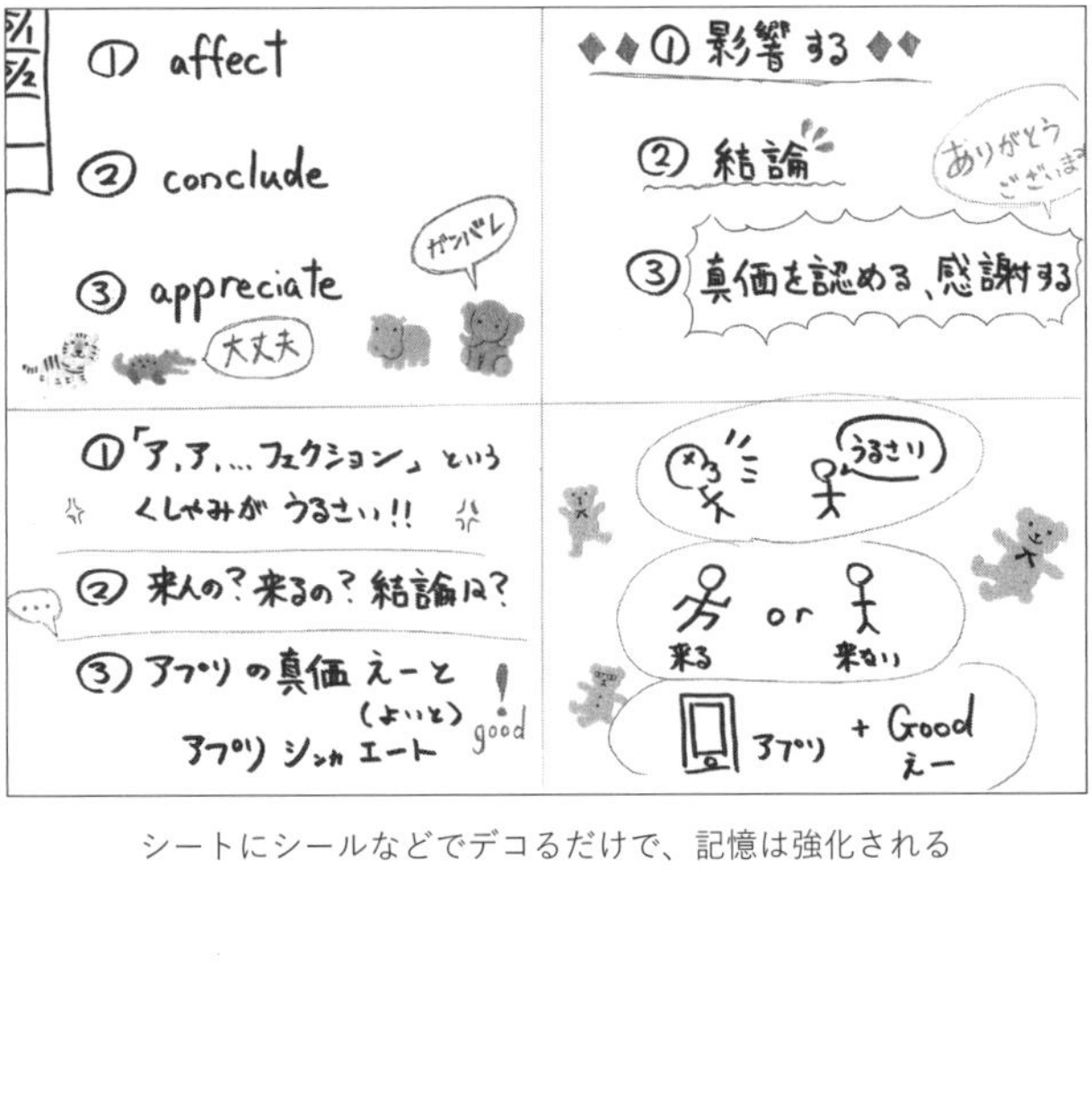

シートにシールなどでデコるだけで、記憶は強化される

増やすことをおすすめします。

記憶を定着させるための２つ目の方法は、五感をフル活用することです。

情報の８割は視覚から入ってきます。つまり視覚で得られる情報は膨大であるため、脳への負担は自ずと大きくなります。そこで脳は負荷を軽減するために、視覚からの情報をあえて残さないようにすることがあります。

だから多くのことを覚える際には、視覚以外の五感を活用できれば理想的です。

その代表例が「空書（空書き）」です。特に英単語のスペルや漢字、地図記号などを覚えたい時。空中に文字（形）を書くことが有効です。

自分の手を動かすことで、文字のイメージも頭に刻み込むことができます。

一方、ノートに書く場合は、「書く」という行為が作業になってしまうため、頭の中に入ってこないこともあります。だから、空中で文字を書き、頭を活性化するのがよいのです。

このA4・1枚記憶法のシートは、そのままでも携帯しやすく、壁にも貼りやすく、空書までしやすい。様々なシチュエーションに対応できる点が、非常に優れています。

最後の仕上げにシートを食べると、記憶力倍増？

変化球的な手法も取り入れて復習の回数を重ねるうちに、あなたの正答率はきっと高まっていくはず。正答した問題には印を付けて、「試験直前まで見なくてよい」というルールにするのもよいでしょう。

そして、いよいよ全ての問題に正答できるようになったら、そのシートからは卒業です。記憶をより一層定着させるためのとっておきの方法をご紹介しましょう。ちょっとトリッキーな荒療治ではありますが、脳に強烈なインパクトを与えられます。

それは「覚えたシートを食べる」という手法です。

というのは冗談で、食べたつもりになって粉々に破り捨てるということです。

復習を重ねたシートを食べてしまったら。コピーでも取っていない限り、もう二度と見ることはできませんよね。ですが「覚えたら破る」と事前に決めて復習に臨むことで、脳に緊張感と適度な刺激を与えられます。

そんな〝背水の陣〟に自らを追い込むのです。心に区切りを付けるため、あえて退路を断つのです。

シートを捨ててしまった後、もしかすると「あの語呂合わせを思い出したい！」という後悔の念にかられるかもしれません。でも、手元には既にシートがない……。あなたはきっと、自分史上最高の集中力で語呂合わせを思い出そうとするはずです。そんな想起こそ、脳をうんと鍛えてくれます。

とはいえ思い出すことは叶わず「あの語呂合わせをきれいに忘れてしまった」という結果になるかもしれません。でもそんな失敗も、よいエピソード記憶になってくれます。そこから再びＩＰ化をして記憶し直し、結果的に本番ではよい成績を収められるでしょう。「シートを食べた気持ちになって破り捨てる」という手法も、ぜひお試しください。

実際書いてみた！ A4・1枚記憶シート

●手の経穴（ツボ）

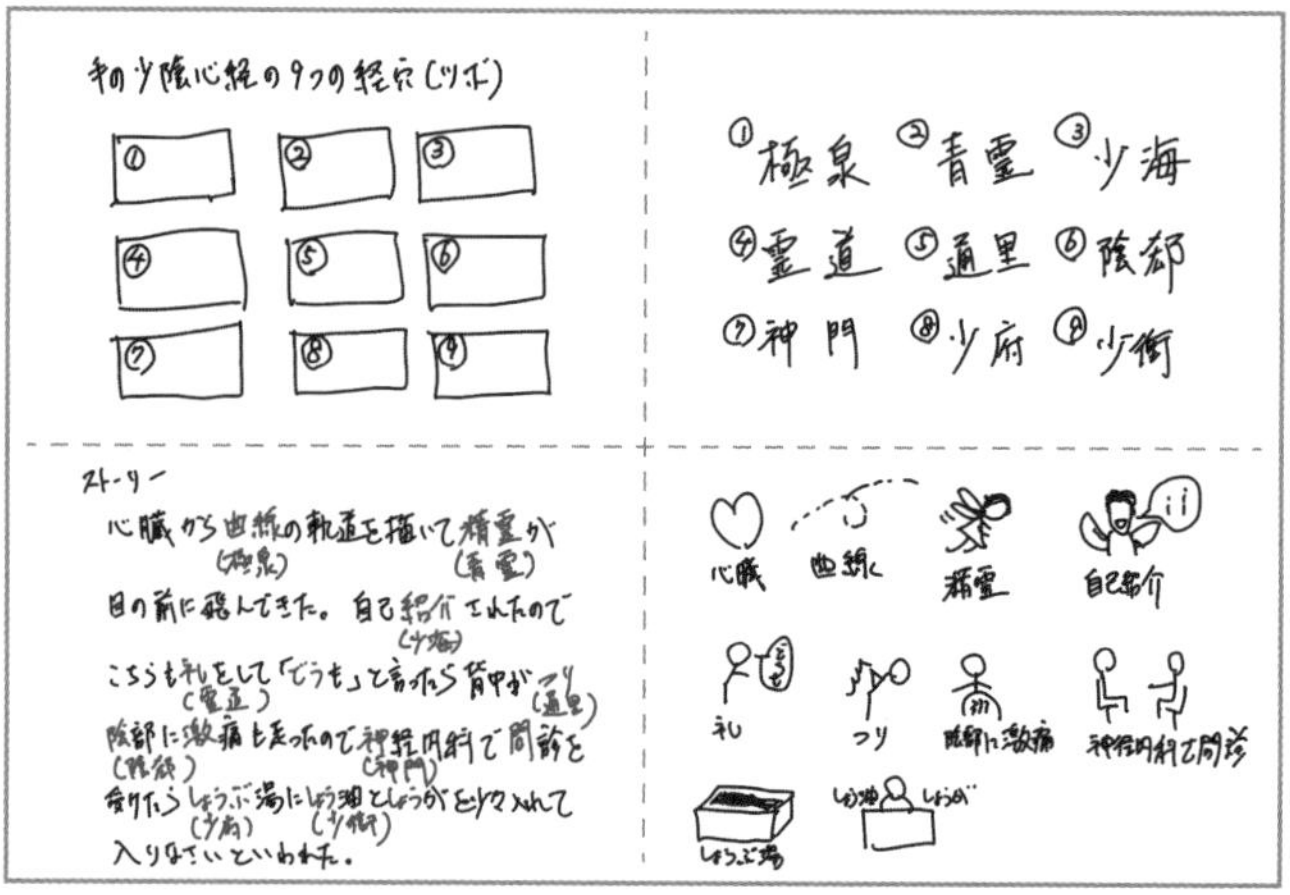

●試薬の色と反応する物質

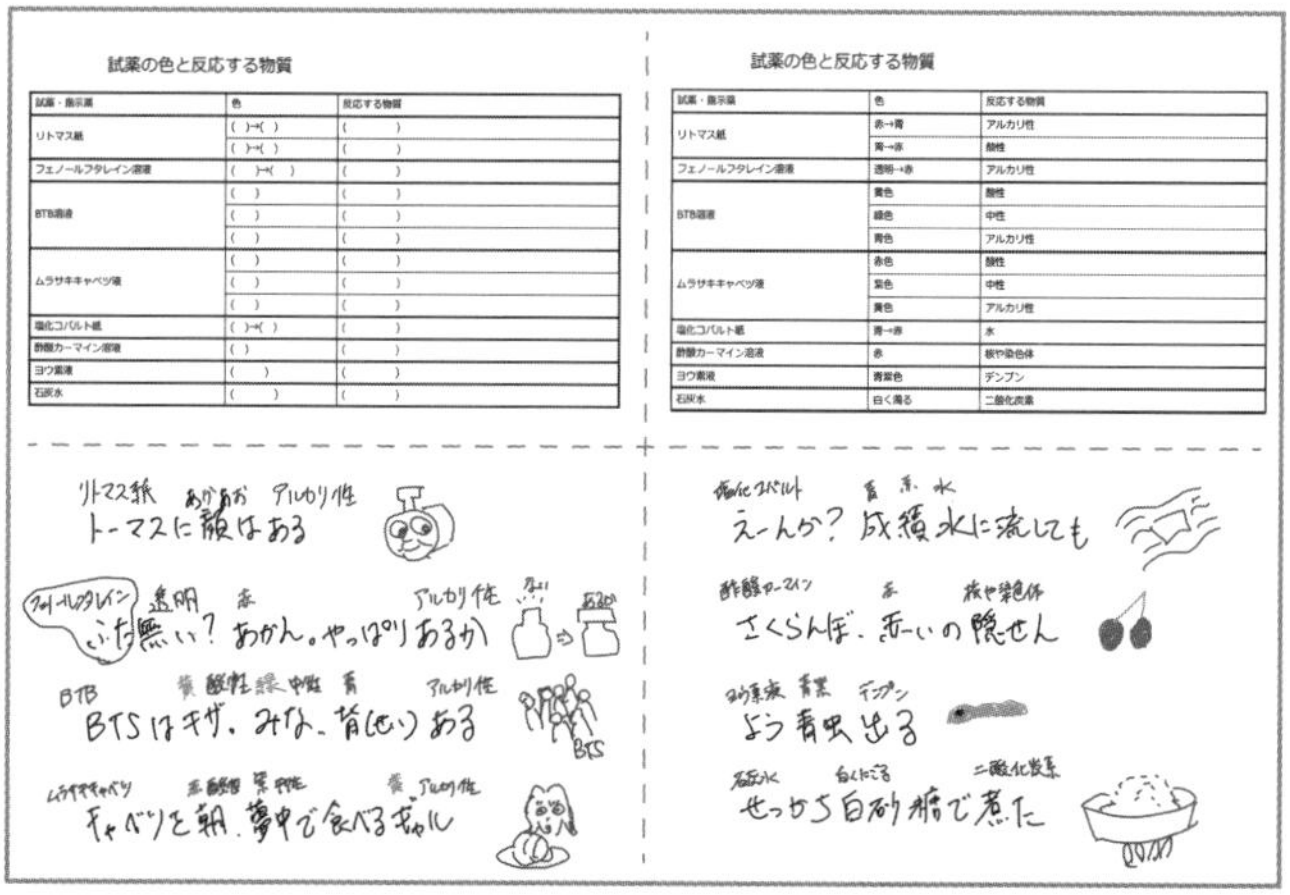

試薬の色と反応する物質

試薬・指示薬	色	反応する物質
リトマス紙	( )→( )	( )
	( )→( )	( )
フェノールフタレイン溶液	( )→( )	( )
BTB溶液	( )	( )
	( )	( )
	( )	( )
ムラサキキャベツ液	( )	( )
	( )	( )
	( )	( )
塩化コバルト紙	( )→( )	( )
酢酸カーマイン溶液	( )	( )
ヨウ素液	( )	( )
石灰水	( )	( )

試薬の色と反応する物質

試薬・指示薬	色	反応する物質
リトマス紙	赤→青	アルカリ性
	青→赤	酸性
フェノールフタレイン溶液	透明→赤	アルカリ性
BTB溶液	黄色	酸性
	緑色	中性
	青色	アルカリ性
ムラサキキャベツ液	赤色	酸性
	紫色	中性
	黄色	アルカリ性
塩化コバルト紙	青→赤	水
酢酸カーマイン溶液	赤	核や染色体
ヨウ素液	青紫色	デンプン
石灰水	白く濁る	二酸化炭素

第4章

池田式　絶対に忘れない
ＩＰ化の10大技法

3つの型、10の形式から最適な技法を選びましょう

　ここからはいよいよＩＰ化の技術について、具体的にお伝えしていきます。

Ａ４・１枚記憶法に適したＩＰ化には、10の技法があります。覚えたい事柄にマッチした技法を用いて、Ａ４・１枚記憶シートを作成していきましょう。

　実は、この選択を誤るとシートの作成に時間がかかり過ぎたり、うまく記憶ができなかったりという事態につながりかねません。ですので、最初のうちは技法を慎重に選んでくださいね。

　次のページをめくっていただくと「ＹＥＳ」「ＮＯ」の二択式で、最適なＩＰ化の技法がわかるチャート図があります。オートマティックに答えていただくだけで、誰でも最適解に最速で辿り着けるチャート図です。ぜひ試してみてください。

　また10大技法をご紹介するページはビジュアル満載です。「すぐにシートを作成したい」という方以外にも、お楽しみいただける内容だと自負しています。

　ぜひ、このまま読み進めてください。

池田式記憶術　ＩＰ化の10大技法

（ＩＰ＝Image Processing／イメージ加工）

最適な形式を見つけよう！	
連想型	
①	落書き式
②	ワンフレーズ式
③	類似式
④	つっこみ式
⑤	分解式
語呂合わせ型	
⑥	頭文字式
⑦	数字式（基本＆応用）
⑧	分解式
パターン認識型	
⑨	共通点式
⑩	分類式

問いを重ねれば、最適な技法に自動的にたどりつきます

YES → **「語呂合わせ型」へ**
覚えたいことが数字なら、**数字式**
覚えたいことが大量にあるなら、**頭文字式**
分解すればできそうなら、**分解式**

YES → **パターン認識型共通点式へ**

YES → **パターン認識型分類式へ**

YES → **連想型類似式へ**

YES → **「連想型」へ**
つっこみたいなら、**つっこみ式**
イメージがあるなら、**ワンフレーズ式**
分解すれば思い浮かぶなら、**分解式**

留めればOK！　**連想型落書き式へ**

IP化の技法の探し方

語呂合わせができそう？

NO

覚えたい事柄同士に、共通点はある？

NO

覚えたい事柄を、うまく分類できる？

NO

覚えたい事柄と似たもの（事象）はある？

NO

覚えたい事柄について何か思い浮かぶ？

NO

大丈夫。その時の感情や気付きなどを書き

連想型 ～①落書き式～

覚えたいこと……江戸の文化人

1 井原西鶴――浮世草子・人形浄瑠璃作家

2 高野長英――蘭学者

3 歌川広重――浮世絵師

4 本居宣長――国学者・文献学者・言語学者・医師

STEP 1 文字で書く

◆井原西鶴は、おじいちゃんに似ている。

◆高野長英は、体育の山田先生にそっくり。

◆歌川広重は、メガネが似合いそう。

◆本居宣長は、数学の川島先生っぽい。

ポイント

① まずは「見た目」の特徴を見つけるとよい。

② 身近な人や関係ある人にたとえると忘れない。

③ 考えすぎず、第一印象や直感を大切にする。

STEP 2　絵で描く

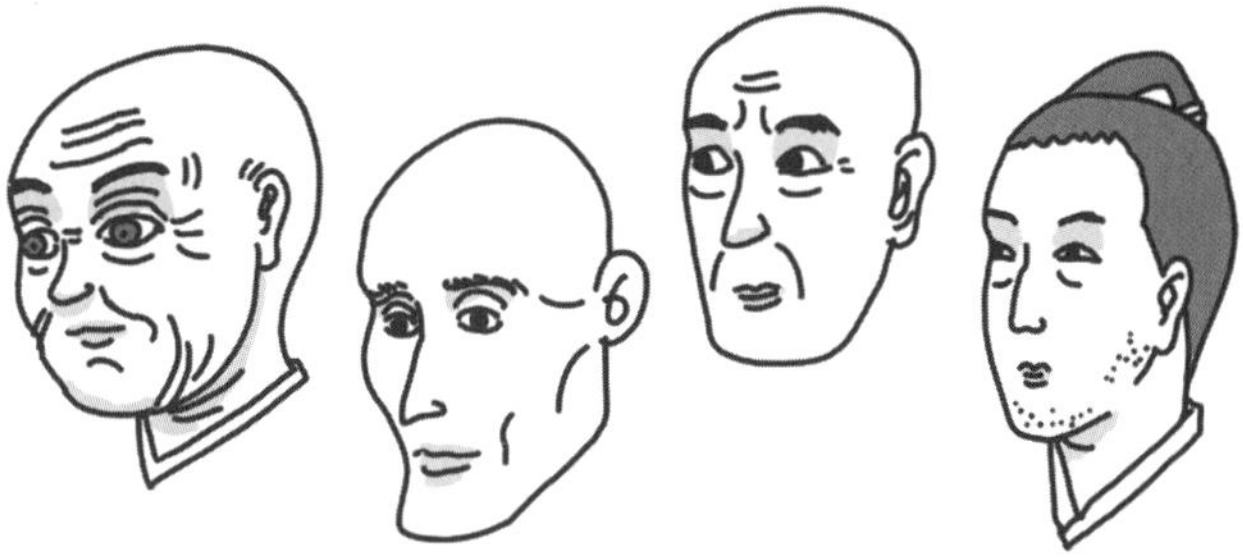

ポイント

① 大きな特徴を、一つでもよいので見つける。

② 丁寧に描き込む必要はナシ。線画でラフに描く。

③ 上手さは気にしない。まず完成させることが大事。

江戸の文化人

①浮世草子・人形浄瑠璃作家
②蘭学者
③浮世絵師
④国学者・文献学者・言語学者・医師

①井原西鶴
②高野長英
③歌川広重
④本居宣長

井原西鶴―おじいちゃんに似ている。シワが多くて目が大きい。

高野長英―体育の山田先生にそっくり。「蘭」は花ではなく、オランダのこと。

歌川広重―メガネが似合いそう。「東海道五十三次」は旅行ブームをおこしたらしい。

本居宣長―数学の川島先生っぽい。

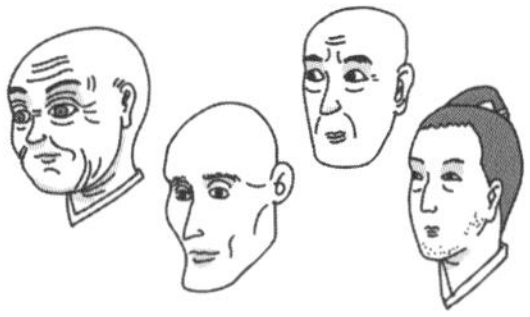

まとめ

見たまま、感じたままのイメージを自由に書く（描く）ことが重要。自分の感情や気付きを尊重する。

連想型 〜②ワンフレーズ式〜

覚えたいこと ……… **マハトマ・ガンジー**

Profile

インド独立の父。貧困の緩和、女性の権利拡大、宗教間・人種間の融和、カースト制度の廃止などを提唱。そして非暴力・不服従の原則を実行。結果、1947年にインドはイギリスからの独立を勝ち取った。

STEP 1 文字で書く

ポイント

① IP化したい項目が多い時は、数を絞る。

② インパクトがなるべく強いものを選ぶ。

③ 長い言葉よりも、短い言葉のほうがよい。

叩かれても、絶対暴力を使わず主張する

STEP 2 絵で描く

ポイント

① 人物の顔など具体的なものでなくても可。

② 覚えたい概念を絵にすることも脳を鍛える。

③ 自分が連想するイメージこそ、最強。

- インド独立の父
- 女性の権利拡大、カースト制の廃止などを提唱
- 非暴力、不服従の原則

マハトマ・ガンジー

（1869〜1948）

叩かれても、絶対暴力を使わず主張する

生まれの格差をなくす

→バラモン、クシャトリア、ヴァイシャ、シュードラと呼ばれる身分があった

まとめ

具体的な物に限らず、思想など抽象的なことを表現する。そんな営みも頭をよくする。

連想型 ～③類似式～

覚えたいこと ……… **五・一五事件**

1932年5月15日、軍人が政権を奪おうと起こした暴動。海軍青年将校が中心となり首相官邸、日本銀行、警視庁などを襲い犬養毅首相を暗殺。軍部中心の政府をつくろうとした。
計画は失敗したが、軍部はこの事件を利用して斎藤実内閣を成立させた。そして政党内閣は終わり、軍人が政治に干渉するようになった。

STEP 1 関連している事件がないか調べてみる

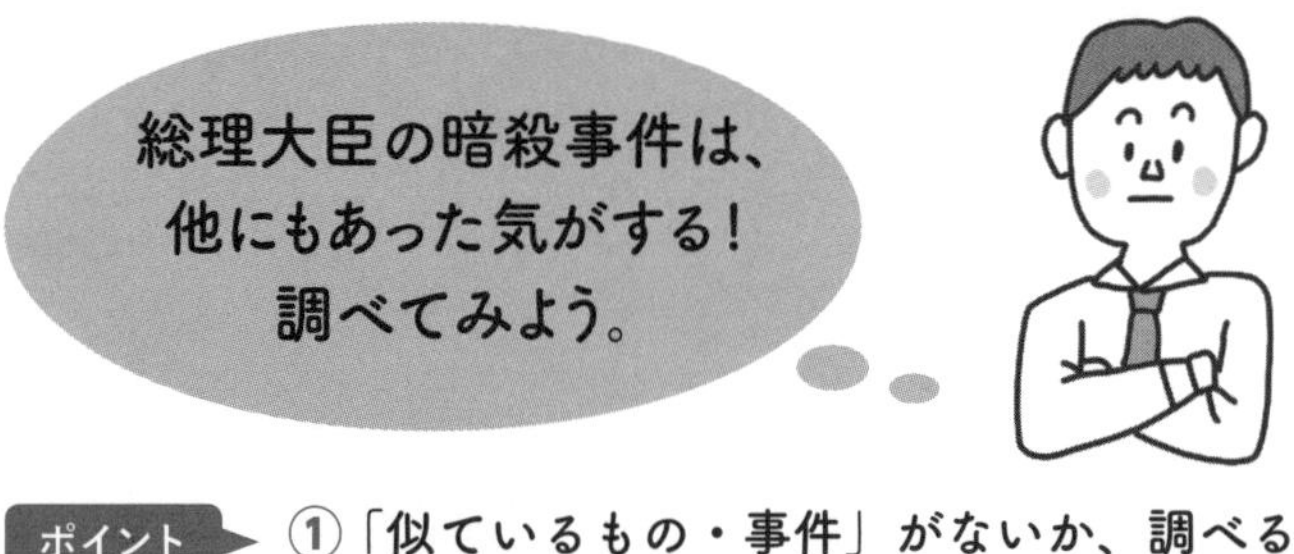

ポイント
① 「似ているもの・事件」がないか、調べる。
② ネットを使ってもよいので、徹底的に調べる。
③ 「あったはず」というモヤモヤを残さない。

STEP 2 調べた結果を並べてみる

1921年、原敬
1930年、浜口雄幸
1936年、高橋是清

ポイント
① リサーチ結果を様々な法則で並び替える。
② 並び替えた結果から見えてくるものもある。
③ 調べている時は感情の動きに敏感になろう。

五・一五事件とは?

①1932年5月15日、軍人が政権を奪おうと起こした暴動。
②海軍青年将校が中心。
③首相官邸、日本銀行、警視庁などを襲撃。犬養毅首相を暗殺。

関連……総理大臣の襲撃事件

1921年…原敬(原敬暗殺事件)
1930年…浜口雄幸
1936年…高橋是清(二・二六事件)

まとめ

ワクワクしながら調べることで記憶をより強く定着させられる。知識が芋ヅル式に増えることも!

連想型 ～④つっこみ式～

覚えたいこと ……… **聖徳太子について**

- ◆ 推古天皇の皇太子として摂政を務めた
- ◆ 十七条の憲法の制定
- ◆ 冠位十二階の制定
- ◆ 遣隋使の派遣
- ◆ 法隆寺の建立と仏教の振興

STEP 1 思いのままにつっこみをしてみる

STEP 2 つっこんだものをイラストに

ポイント
① 描写が難しいものは、簡略化して描く。
② しっかり描く部分と、適当に描く部分を分ける。
③ ワクワク、楽しみながら描くことが、何より大事。

聖徳太子について

- 推古天皇の皇太子として(①)を務めた
- (②)条の憲法の制定
- (③)十二階の制定
- (④)の派遣
- (⑤)の建立

①摂政
②十七
③冠位
④遣隋使
⑤法隆寺

- 摂政になって、憲法や人事制度を整えて、外交もできる、寺も造る→一体何人いるの!!
- 「10人の話を聞き分けた」って絶対ウソ!!

まとめ

文章や絵に表現することで、記憶が強化される。苦手意識がある人も、ワクワクしながら取り組もう。

連想型 ～⑤分解式～

覚えたいこと ………【漢字の場合】
「ろくろ」の漢字表記は　轆轤

STEP 1 分解する

1「轆」「轤」を、それぞれ部首ごとに分解する

車＋鹿　車＋盧

2 部首ごとに、意味を与える

車＝くるま　鹿＝シカ　虍＝トラ
田＝田んぼ
皿＝サラ

STEP 2 イメージ化し、物語化する

◆ 1台目の車が、鹿をひいてしまった。

◆ 2台目の車が、虎をひいてしまった。

◆ それらの死体は田んぼにとんでいき、（猟師の手により）皿に料理として並べられた。

ろくろ	轆轤
・車が鹿をひく。 ・もう1台が虎をひく。 ・鹿と虎が田んぼにとんで、料理となって皿に出された。	

まとめ

「こんなストーリーを作るなんて自分はひどい人間だ」などと罪悪感を持たないで。インパクト重視でOK！

語呂合わせ型 ～⑥頭文字式～

覚えたいこと ……… **三大栄養素と消化酵素**

① 糖質を消化する酵素は？

② タンパク質を消化する酵素は？

③ 脂質を消化する酵素は？

栄養素	消化酵素	分解後の物質
糖質	アミラーゼ（プチアリン）：唾液 マルターゼ：腸液 アミラーゼ（アミロプシン）：膵液	ブドウ糖
タンパク質	ペプシン：胃液 トリプシン：膵液 エレプシン：腸液	アミノ酸
脂質	リパーゼ：膵液	脂肪酸、 グリセリン

STEP 1 頭文字で語呂合わせを考える

糖質は、アマァ～い！
アミラーゼ（唾液）、
マルターゼ、
アミラーゼ（膵液）

だからペットへは
タンパク質を与えよう。
ペプシン
トリプシン
エレプシン

脂質を与えすぎると
立派になっちゃう！
リパーゼ

STEP 2 語呂合わせをイラスト化

三大栄養素と消化酵素 ①糖質を消化する酵素…3つ ②タンパク質を消化する酵素…3つ ③脂質を消化する酵素…1つ	①アミラーゼ（唾液）、マルターゼ、アミラーゼ（膵液） ②ペプシン、トリプシン、エレプシン ③リパーゼ
アミラーゼ（唾液）、**マ**ルターゼ、**ア**ミラーゼ ＝糖質はアマァ〜い！ **ペ**プシン、**ト**リプシン、**エ**レプシン ＝だからペットへは、タンパク質を与えよう。 **リ**パーゼ ＝脂質を与えすぎると立派になっちゃう！	

まとめ

複数の言葉を覚える時。言葉を並べ、その行頭の文字で語呂合わせをする。物語になれば最高。

語呂合わせ型 〜⑦数字式〜（基本&応用）

覚えたいこと ……… **年号やクレジット番号などの数字**

文字の変換表

1…い、ひ（「ひいふうみい」より）
2…ふ、つ（英語の「ツー」より）、じ（「二」より）
3…さん、さ、み
4…し、よん、よ
5…ご、こ
6…ろく、む、ろ、ら（「ろ」から転じて）
7…なな、な、せ（英語の「セブン」より）
8…はち、は、や
9…きゅう、く、き
0…れ、ぜ、お（アルファベットの「O」より）

基本編　平安京794年

鳴くよ（794）ウグイス平安京

**基本は
1ケタずつ**

応用編 クレジットカード番号

覚えたいこと ……… **クレジットカード番号**

4592-0613-3798-4256

クレジットカード番号	**4592-0613-3798-4256**
仕事（45）中に、 工夫（92）して ATMから下ろ（06）した 遺産（13）が、みんな（37）に 配（98）られ 至福（42）の頃（56）	

まとめ

数字を１～２桁ずつ文字や言葉に変換して語呂合わせする。
突飛な展開になりがちだが、記憶にはその方がGOOD！

語呂合わせ型 ～⑧分解式～

覚えたいこと ……… **【英単語の場合】**
tremendousの和訳は、
「すさまじい」「ものすごい」

STEP 1 tremendousをカタカナ化する
…「**トリメンダス**」

STEP 2 分解して、意味を与える
…「**鳥、目、出す！**」

STEP 3 イメージ化する
…（鳥が、すさまじい勢いで
目を出す姿を思い浮かべる）

パターン認識型 ～⑨共通点式～

覚えたいこと………「spect」を語幹にもつ英単語群

inspect	調べる、検査する
expect	予期する
aspect	面、側面
prospect	見通し、眺め
suspect	怪しむ、疑う
respect	尊敬する
perspective	見通し、視点

↓

【共通点】spect（見る）

in 中を（見る）➡調べる、検査する＝**inspect**
ex 外を（見る）➡予期する＝**expect**
a の方を（見る）➡面、側面＝**aspect**
pro 前を（見る）➡見通し、眺め＝**prospect**
su 下に（見る）➡怪しむ、疑う＝**suspect**
re 再び（見る）➡尊敬する＝**respect**
per 通して（見る）➡見通し、視点＝**perspective**

1 共通点を発見、認識する

2 共通点以外の「差異」に注目。
「差異」に意味付けをしたり、イメージ化をしたりして記憶する

パターン認識型 〜⑩分類式〜

覚えたいこと ……… **脊椎動物の分類**

（例：カエル、亀、トカゲ、サンショウウオ、ヤモリ）

STEP 1 分類のルールを知る

適当に分けてはダメ。「分類のルール」を意識しよう！

1「分類のルール」を意識する

・水と陸の両方ないと生きられない種類…両生類
・基本的に陸上だけで生きていける種類…爬虫類

2 分類のルールに従い、群れを仕分けする

・カエル…両生類
・亀…爬虫類
・トカゲ…爬虫類
・サンショウウオ…両生類
・ヤモリ…爬虫類

【ルールは複数あることも…】

幼体の両生類はエラ呼吸。成体になると肺・皮膚呼吸。一方、爬虫類は一部を除き一生ずっと肺呼吸。

STEP 2 分類をイラスト化

脊椎動物の分類 （カエル、亀、トカゲ、 サンショウウオ、ヤモリ）	両生類……カエル 　　　　　サンショウウオ 爬虫類……亀 　　　　　トカゲ 　　　　　ヤモリ
・水と陸　両方ないと 生きられない→**両生類** ・陸だけで 生きていける→**爬虫類**	

まとめ

分類のルールを見つけ出すことがカギ。「ルール探し」そのものが気付きや学びにつながることも。

●会議で顔と名前を覚える

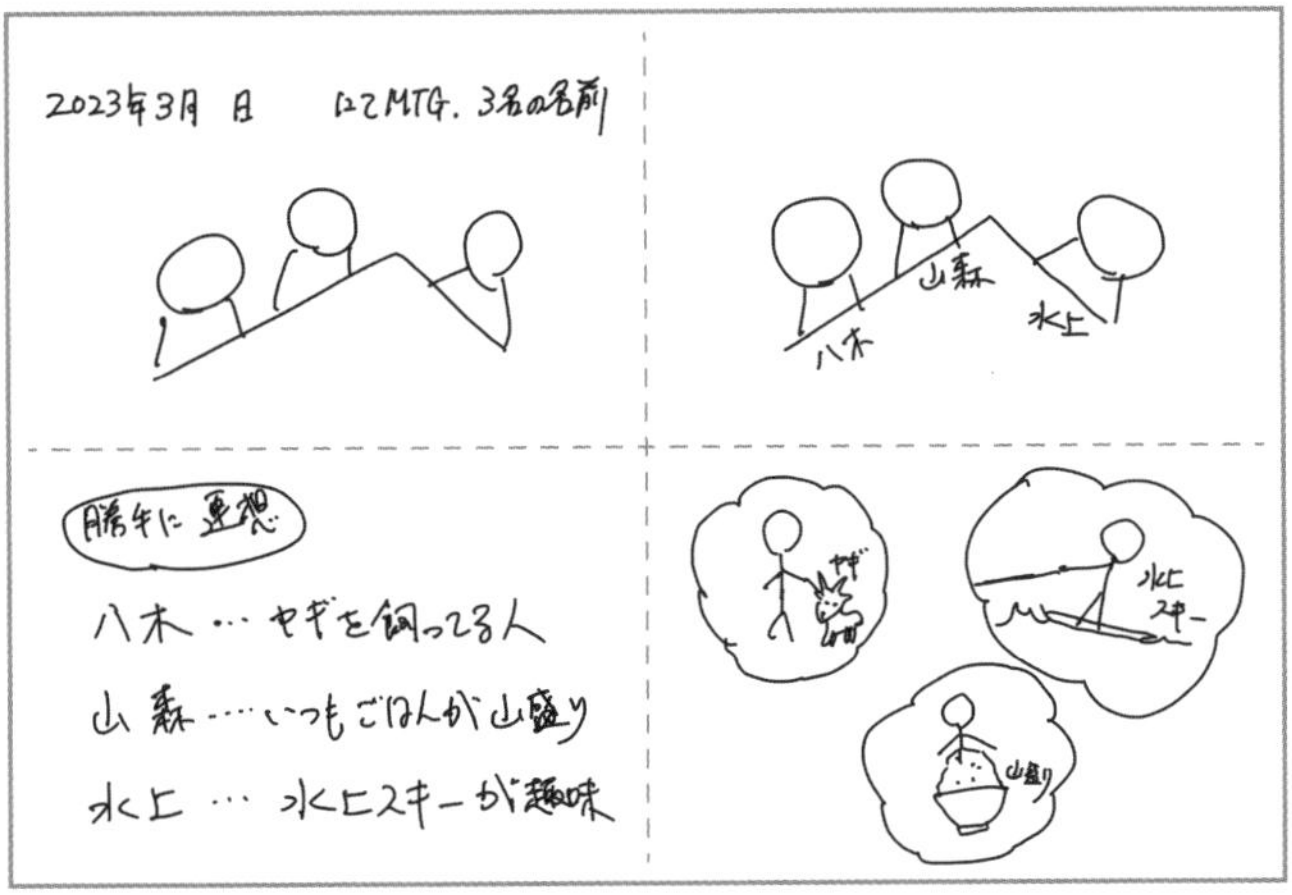

●文章を記憶する　法律

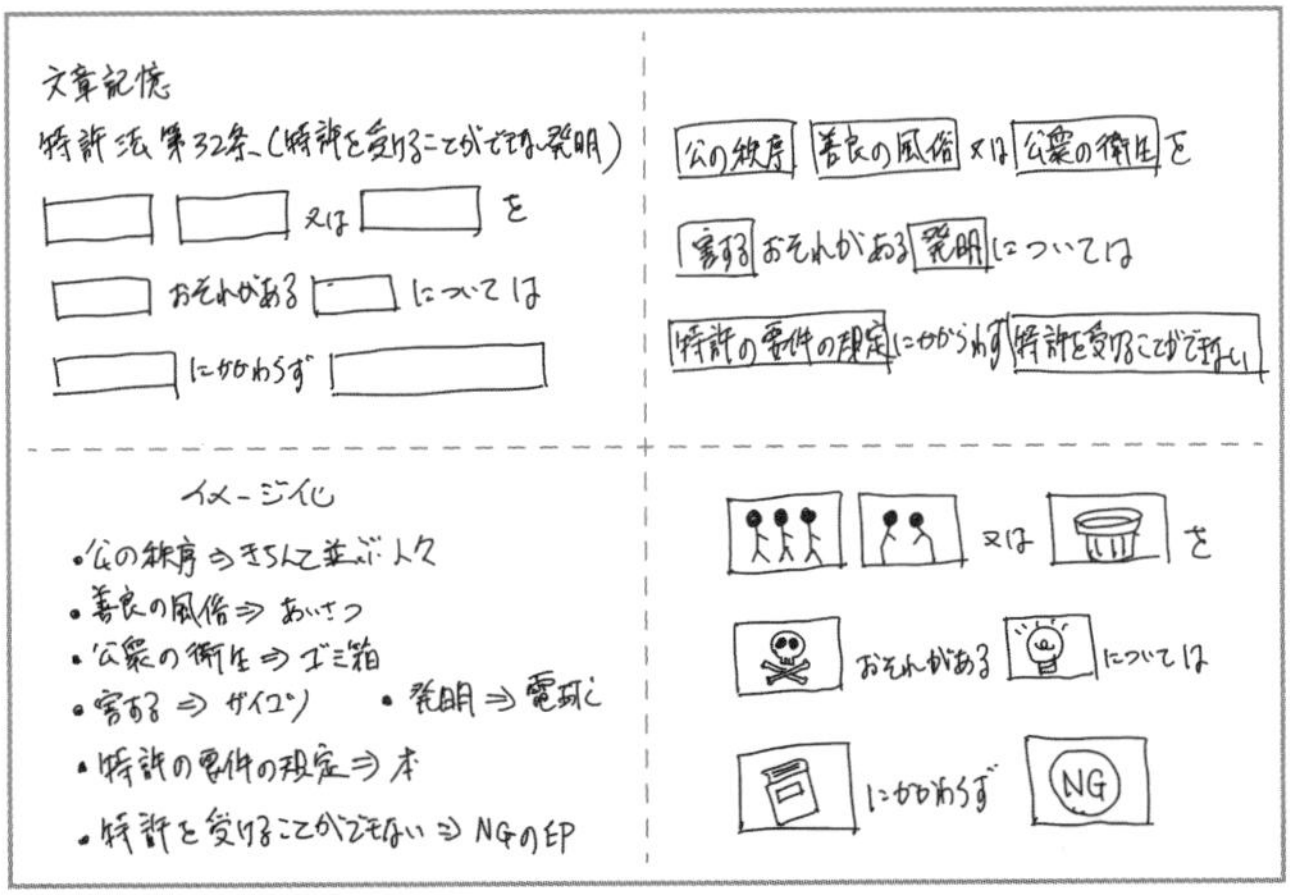

第5章

脳の性質を逆手に取れ！
脳の11大〝困った本性〟

脳の性質1

本来、怠惰で省エネ志向

⬇余計なタスクは極限まで省く

記憶や思考の中枢となる「脳」について、どのようなイメージを持っていますか？

「働き者で、真面目で、頑張り屋で……」

そんなポジティブな評価ばかりが聞こえてきそうですが、買い被り過ぎ。

脳の本性は実は真逆です。意外に思われるかもしれませんが、どんなに優秀な人の脳も、本来は怠け者で、不真面目で、誘惑に弱い器官なのです。

決まりきった自動処理が大好きで、休むチャンスを常にうかがっています（笑）。

記憶についても同じこと。「物事を新しく覚えないようにしよう」「一度覚えたものも、なるべく早く忘れてしまおう」というのが、脳のデフォルトの性質なのです。

その理由は、至ってシンプル。脳は〝燃費が悪い〟からです。

大人の脳の重さは、約1・4kg（体重の2％相当）。ですが1日に必要なエネルギ

ーの約20％を、脳だけで使用しなければなりません。

もちろん、それほど多くのエネルギーを使う器官は他にありません。

ですから脳はなるべく省エネモードで活動しようとするのです。

生物学的に見ると、それはある意味素晴らしい自己防衛の手段とも言えるでしょう。

「テストが迫っているのに、勉強になかなか向かえない」

そんな現象はあなたの意志力とは無関係で、脳の性質から言うと当然のこと。

そもそも脳の仕事とは、指令を断ったり、サボったりすることなのですから……。

「私は、もともと暗記には向いていないんだ」

「僕は意志が弱いから、何をやってもうまくいくわけがない」

このように自分自身を低評価したり、ネガティブな感情に囚われる必要なんてありません。脳の本性と扱い方を知り、脳をうまく操っていきましょう。

脳を操る第一歩として覚えておいてほしいのが「シングルタスクを徹底させる」と

いう原則です。

もともと無気力で、怠惰で「どうすればサボれるか」ばかり考えている人に、仕事を頼みたい時。危なっかしくて、複数のタスクを同時に任せることなどないはずです。
実際、脳にはマルチタスクは向いていません。
通常よりも疲れたり、多くのエネルギーを消費し、ひいては全身の疲労も引き起こしてしまうからです。ストレスを過度に感じ、アドレナリンやコルチゾールなどのストレスホルモンまで分泌されかねません。

具体的に言うと、**よい姿勢で、暗記に取り組むこと**が大事です。
たとえば頬杖をつくなどの首を傾け続ける姿勢や、横向きの姿勢で覚えた事柄を復習する場合。「視覚を正常に補正する」という作業を脳に追加することになり、脳に余計な負荷をかけてしまいます。

ほんのわずかしかない脳のリソース（エネルギーや能力）を、そんな補正作業に割くなんてもったいないですよね。

また**静かな環境の中で、記憶に集中すること**も重要です。音楽を聴きながらの作業は、推奨できません。歌詞のないメロディーだけの音楽も集中力を削いでしまうという点で、ＮＧ。脳はシングルタスクに集中させましょう。

昨今、理想的な学習環境については、様々な研究が行われています。

今のところ、記憶については「無音の静かな環境で行うのが最適」とされています。

私も、それには完全に同意します。

私だけに限らず、世界記憶力選手権に出るほとんどの選手が、耳栓やイヤーマフ（騒音環境で装用するヘッドフォン状の防音具）、ノイズキャンセル機能付きのヘッドフォンなどを利用しています。ＢＧＭどころか、ちょっとした物音も排除したいのです。

なぜなら、記憶競技では、頭の中の世界に、並外れたレベルで集中、没頭する必要があるから。

選手たちは、自分の頭の中の〝記憶の貯蔵庫〟に記憶を格納しており、それを思い出すには、イメージの中を歩き回って探さなければならないのです。

これは極端な例でしょう。とはいえ一人で記憶に取り組む際にも、それくらい超越したレベルで自分の世界に入り込み、集中できればベストです。

さらに言うと「耳をふさぐ」という行為を「記憶モードに入る直前の〝儀式〟」にしてしまうことをおすすめします。

「耳をふさぐ＝集中する」と脳に条件付けておけば、怠惰な脳にエンジンをかけてもらいやすくなります。

ただし**「耳をふさぐ」というルーティンは、知識をインプットする学習時だけ**にしてください。

問題を解いたり、文章を書いたり、アイデア出しをしたりというアウトプット型の作業に取り組む際は、ある程度のざわめきのある環境のほうが適しています。

「記憶の時には耳をふさぐ」という原則で、脳が気持ちよく、力をスムーズに発揮できるようお膳立てしてあげてください。

脳の性質❷ 怠惰なくせに、達成感は味わいたがる

⬇大きな目標・膨大な作業は細分化しよう

脳は「怠惰なくせに達成感を味わいたがる」という、とてもわがままな性質を備えています。ですから大きな目標は細分化して、「短いスパンで達成すること」を繰り返してください。

このような考え方を「**スモールステップ**」と言います。

「スモールステップ」は、アメリカの心理学者、バラス・スキナーによって提唱された考え方です。

目標が大きいままだと「いつまで経っても終わりが見えない！」**と脳が不快に感じ、早い段階で心が折れてしまいます**。「待ち遠しいなぁ」というレベルを通り越して「もう待ちきれないから諦める」という心境に変わってしまうわけです。

それは避けたいものですよね。

だからタスクを細分化して心理的なハードルを下げて取り組みやすくして、「大きな達成感」ではなく「小さな達成感」（成功体験）を短いスパンで、多く感じられるようにしてみましょう。

すると、モチベーションを損なうことがありません。

たとえば、ある資格試験の３００ページのテキストを覚えたい時。

「さて、今日から３００ページを記憶していこう」と闇雲に取り掛かるのではなく、

「１日確実に20ページずつ、15日かけて記憶しよう」と細分化するだけで、気持ちはラクになるはずです。

また「１日20ページを記憶する」というノルマをこなす度に、「今日も頑張ることができた！」と達成感を味わえるでしょう。

怠惰でぼんやり屋さんの脳に、達成感をより強烈に感じさせるには、可視化も大事。

「目標達成のマス目の表」を作り、ノルマ達成時に１マス塗ることを繰り返していく

目標達成シート

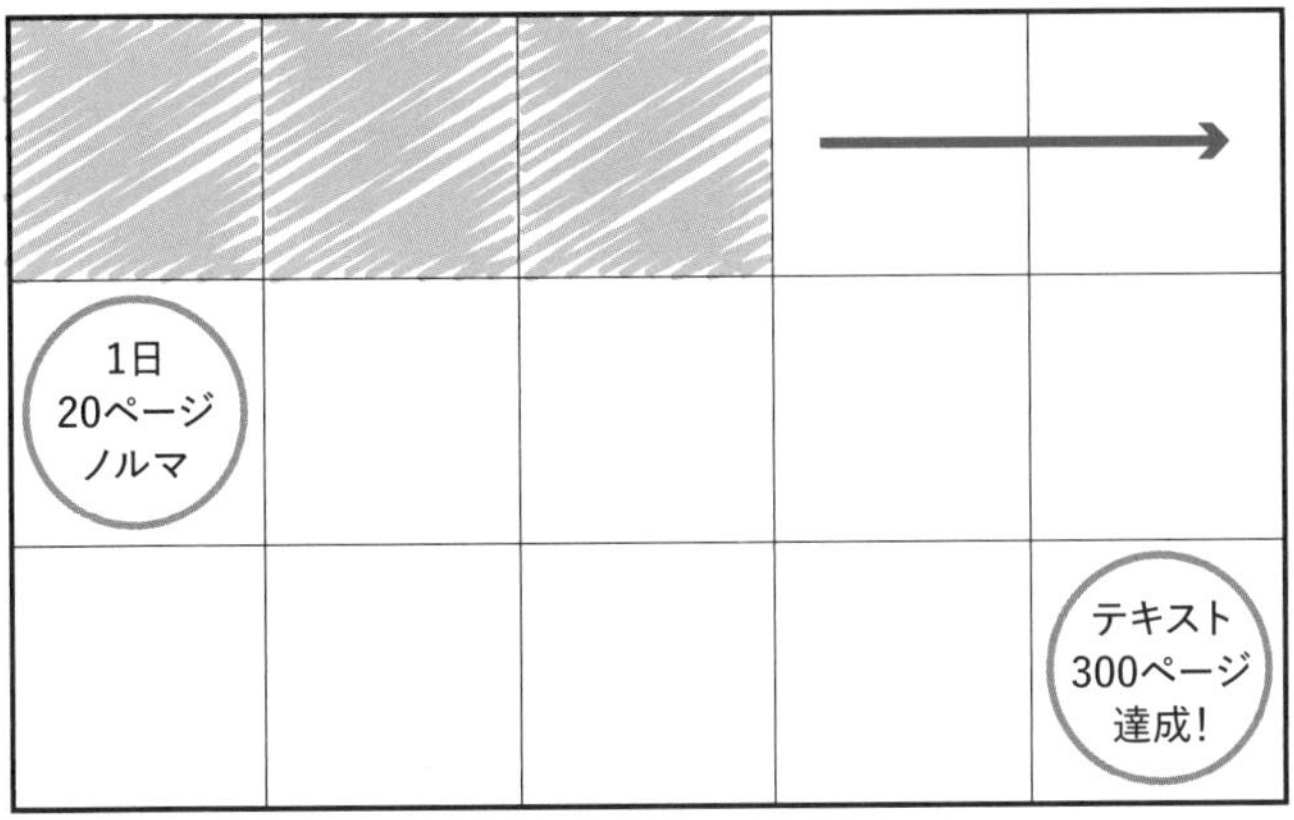

と、より効果的です。

スモール・ステップを重ねるうちに「ノルマを終えたら1マス塗る」という行為そのものが快感になってくることでしょう。

そのような状態を、専門用語で「内発的動機付けが高まる」と表現します。

皆さんがよく使う、動機（モチベーション）には、内発的なものと外発的なものの2種類が存在するのです。それについても、お話ししておきますね。

外発的動機付けとは、報酬に対して生

じるモチベーションのこと。

平たく言うと「ご褒美目当てで頑張る意志」のことです。

一方、内発的動機付けとは、より高いエネルギーのもの。報酬目当てではなく、その行為をすること自体に喜びを感じるような、内から生じる動機を指します。

実際は、2種類の動機がブレンドされている場合もあります。

時間が経つにつれ、そのブレンドの割合が変化することも、よく見受けられます。

どんな場合でも、できれば途中から内発的動機付けを強めることをおすすめします。

なぜなら「ご褒美をもらえるから」「人に一目置かれるから」などという外発的動機付けだけに頼りきると、ついにやる気が出なくなってしまう、という実験結果が多く存在するからです。

たとえば「テストで高得点を取れば、お小遣いをあげる」などという仕組みを常態化していると、いつしか頑張れなくなるという心理が報告されています（これを**アン**

ダーマイニング効果と呼びます）。

ではどうすれば心の内面から、ピュアな動機が湧き出てくるのでしょうか。

その一つの鍵が、対象に対する「好奇心」です。**好奇心があれば、並外れたモチベーションや驚異的な記憶力につながることも珍しくありません。**

お子さんはもちろん、大人も好奇心を大事にしてほしいと思います。

話を元に戻しておきましょう。繰り返しますが、大きな目標は細分化してください。

なんとなく大きな目標に立ち向かうのではなく、**1回あたりに記憶する量を決める**こと。それが脳にプレッシャーを与えず、機嫌よく働いてもらうコツです。

脳の性質③

やり始める前から、全体像を知りたがる

↓全体像を俯瞰して細分化し、ゴールを常に意識させる

脳には、ゴールを見せることが重要です。

わかりやすい例を挙げておきましょう。万里の長城の建設にまつわる逸話です。

一説によると、万里の長城は、全国から集められた作業者をグループ分けし、グループごとに工事を進めていったのだとか。

また、各グループには、それぞれ担当範囲が割り当てられたそうです。作業者らは、担当範囲の完成を自分の目標として設定し、力を尽くして働いたといいます。

このシステムは、脳の本性を理解した素晴らしいものです。

「決められた範囲を仕上げるよう、尽力すればよい」と明確なゴールが見えているため、日々モチベーションを落とさず、作業を積み重ねられたわけです。

もし、担当範囲もゴールも全く提示されず、作業を命じられたら。

「できるところまででいい、とにかく急いでやりなさい」という頼み方をされたら。

「どれだけ頑張っても終わるわけがないし、充実感も得られなくて虚しい」

「自分が生きているうちに、長城の完成を見ることはないだろう」

遅かれ早かれ、このような悲観的な思いに引きずられてしまうことでしょう。

（ちなみに万里の長城の公式の長さは21196・18km。日本列島の長さを約3000kmとすれば、なんとその7倍に相当します）


記憶作業に取り組む時も、全く同じ。大きなゴールを漠然と掲げるのではなく、細分化した小さな目標を立て、「達成した！」という喜びをこまめに味わいたいものです。

これが、前にもご紹介した「スモールステップ」の考え方です（121ページ）。

【例】

❶「今から３ヶ月後の資格試験に合格したい」
❷「今から１ヶ月後には、過去問が解けるレベルに到達したい」
❸「２００ページのテキストを今から１ヶ月で理解、記憶したい」
❹「毎日７ページずつ記憶すれば、１ヶ月間で確実にテキストを終えられるはず」

このようにゴールを明確に意識することは非常に有益です。
そこから逆算をして、タスクを細分化できるからです。

さらに言うと、**スタートからゴールまでを、適当でよいので何度も往復するように学習し、対象の全体像を掴むこと**も大切です。
たとえば、日本史をゼロから勉強する時。縄文時代あたりから飛鳥時代、奈良時代、平安時代……と時系列に沿い、近現代まで各時代を詳しく解説しながら数ヶ月かけて進めていくのが、学校や塾などのオーソドックスなカリキュラムでしょう。

しかし初学者が、学習効果をより高めたい時。

「日本史を勉強する」と決めたら学習漫画を通読し、ざっくりでよいので大局を概観することが有効です。

できれば、全体を通して2回、3回……と繰り返し通読するのがおすすめです。

（学習漫画は各社から出ていますが、20巻前後で完結するセットがほとんどです）

ポイントは、細部に囚われ過ぎずにどんどん読み進めること。

「平安時代は、ナントカの乱ばかりだ」

「江戸時代は、改革が多い」

「ペリー来航から大政奉還、戊辰戦争あたりは複雑だなぁ」

これくらい肩の力を抜いて、漫画をパラパラ読みすればよいのです。

たとえば漫画の1回目の通読時に「将軍吉宗が享保の改革、松平定信が寛政の改革、水野忠邦が天保の改革……」などと暗記を試みる必要はありません。

これは真面目で真剣な方ほど陥りやすい罠ですので、気を付けてください。

個別の事象には囚われ過ぎず、大局観を掴むことです。

逆説的に思えるかもしれませんが、**大局観を掴むことで頭の中に〝大枠〟が形成され、その後、細かい個別の事柄を大枠に埋めやすくなります**。

最初から個別の事柄を頭に取り込んでも、大枠がしっかりできていないと知識が点と点のまま。点から線へはつながりにくく、「木を見て森を見ず」に終わりがちです。

また学習漫画を何度か通読するうちに疑問が湧き、さらに詳しいことを自発的に調べたくなるはずです。

「遣隋使と遣唐使、どちらが先だったかな」

「小村寿太郎以前に、不平等条約の改正を頑張った人たちって、誰だっけ?」

「そもそも、戦争の引き金になった出来事って、何?」

このように、自分で問いを立て、自分で答えた体験は記憶を強化してくれます。

つまり、大まかな全体像を頭にインストールすることで、弱点が明確になったり、深掘りをしやすくなったり、次の学習への意欲が湧いてきたりするわけです。

そのためにも、脳にはゴールを常に意識させましょう。

脳の性質④ 「好きなこと」には、とことん集中したがる

⬇作業対象を好きになる工夫をしてみよう

脳には「好きなことには、夢中になれる」という性質があります。

「なぜそんなに多くの◎◎について、覚えられるの!?」と驚嘆するレベルの力を発揮する人は、珍しくありません。

たとえば「クモハ 313-1105」などの鉄道の車両番号に詳しい人がいます。

「クは『制御車』、モは『電動車』、ハは『普通車』の意味だから、『クモハ』は制御電動の普通車、っていう意味だよ」

このように法則性を理解した上で、相手に説明できるほど記憶し、自分の知識とし

て血肉化できているのです。

また動物や昆虫の名前や、「ポケモン」の架空の生物などを、膨大に記憶している人もいます。

これは低年齢のお子さんについても言えることです。

よりわかりやすい例は、アイドルグループのファンの人たちでしょう。

彼らは、同じ衣装で似た雰囲気のヘアメイクのメンバーたちを一瞬で識別し、名前を正確に言い当てることができます。

無論、ファンである彼らにとっては〝ごく当たり前のこと〟でしょう。

しかし記憶のプロから言わせてもらうと、それは「好き」だからこそ発揮される卓越した能力です。

実際、私はとある記憶の競技会で、ＡＫＢ48のまだ顔が知られていない練習生メンバー（約50人）の資料だけを見て、顔と名前を覚えたことがあります。

資料にある顔写真は、顔の向きが全員ほぼ同じ。衣装も統一されていますし、ヘアメイクの雰囲気も似ています。つまり私は、顔のちょっとした造形の特徴を見つけ出し、その印象をフックとしてあらゆる記憶法を駆使し、覚える必要がありました。

その競技会では、結果的によい成績を収めることはできましたが、プロでも焦ったことは事実（笑）。「『好き』の力は素晴らしい」と改めて痛感できました。

このように「好き」という感情や「この対象をもっと知りたい」という好奇心があると、記憶力は自動的に上がるものです。

勉強面でも同じこと。

なぜなら、「好き」という気持ちや好奇心に駆られて学習に夢中になると脳でドーパミンが分泌され、学習に関わる脳領域に影響が及び、学習効果が引き上げられるから。

すると、結果も自ずとついてきて自信も湧くため、「もっと学びたい」という好循環に入ることができます。**学習面で進歩すること自体、本人にとっては報酬になるため、成長の速度も加速する、**というわけです。

そのようなメカニズムを、専門用語で「学習進歩仮説」と呼びます。

要は、**学習（成長）の好ループに入るための原因をおおもとまで遡っていくと、「好き」が根本的なカギになっていることが多い**のです。

ただし、ちょっと立ち止まって考えていただきたいのですが……。

勉強一般に対しては『好き』という感情をたまたま持てずに、ずっと生きてきた」という人が多数を占めているように見受けられます。

もっと言うと「勉強＝苦痛なもの」という刷り込みを経て大人になった人は、非常に多いのです。

ですから「自分は勉強が苦手」と自分一人で思い込んでしまったり、試験などのハードルをなかなか越えられなかったりするのは、ある意味当然のこと。

致し方ないとも言えるでしょう。

その人がもし、若い頃に勉強を好きになれるような経験をしていたら。

そんな方向に導いてくれる先生や指導者、師匠に巡り会うことができていたら。

「学ぶ」という行為そのものが好きになり、自発的に楽しく勉強ができるようになっていたかもしれないのです。

脳の性質5　すぐにレッテルを貼りたがる

⬇マイナス言葉は封印しよう

「そうはいっても、自分はもう大人なのだから、手遅れだ。今さらどうしようもない」

そう反論される方に、とっておきのお話をしておきましょう。

たとえ過去に「勉強を好きになるような経験」をしていなくても、大丈夫。勉強や学びに対するアレルギーを取り除き、学習自体を好きになれる方法があります。

それは、自分に暗示をかけることです。

「この問題、面白いなぁ」

「◎◎を学ぶのって、楽しいなぁ」

「自分はこれが好きだなぁ」

このようなポジティブなフレーズを口に出し、勉強を始めてみてください。

心から「面白い」「楽しい」「好き」と思っていなくても大丈夫。

前向きな言葉を、聴覚を通して脳に届けることで、脳を騙せます。

（聴覚から伝わる情報は、脳に強いインパクトを与えることができます）

これを、専門用語で**「感情のレッテル貼りをする」**と表現します。

「レッテルを貼る」とは、そもそも独断や偏見で一方的に評価を下すこと。

そのレッテルが本当に正しいか、真実であるかは問いません。

脳の中で、感情のレッテル貼りを担当しているのはA10神経群という場所です。

ここは感情を生み出す中枢で、やる気に関係する「側坐核」や、喜怒哀楽を扱う

「扁桃体」も含まれています。

五感を通じて脳に情報が集まってくると、最初にこのA10神経群に到着し、そこでレッテルが一方的に貼られる仕組みになっています。

「面白い」「つまらない」、「楽しい」「苦しい」、「好き」「嫌い」……。

様々なレッテルが貼られますが、一旦貼られたレッテルは、その後の脳の働きに深く影響します。

たとえば、ネガティブなレッテルが貼られた情報については、脳の働きが散漫になったり、低下したりします。

一方、ポジティブなレッテルが貼られた情報については、知的能力がよく発揮されるようになります。

ですから学習の際には、できる限り前向きなレッテルを貼ればよいのです。

とはいえ現実的には、勉強する度にポジティブなレッテルを貼る、というのは、なかなか難しいことでしょう。そもそも自分の精神状態を整えて、操る必要があります。

私だって、ちょっと自信がありません（笑）。

そこで多くの方におすすめしたいのが「**少なくともマイナスのレッテル貼りはやめる**」という手法です。

「つまらない」「苦しい」「嫌い」などのマイナス言葉を使わないだけでも、脳への悪影響を阻止し、機能低下を防げます。

脳低温療法の開発で知られる世界的な脳神経外科医・林成之先生が、救命救急センターを発足した時のこと。マイナス・ネガティブな言動を禁止したところ、チームのパフォーマンスが著しく向上した、という逸話を発表されていました。

具体的には、「否定的な言葉は一切使用禁止」「仲間の悪口を言ったり、いじわるをしたりしない」「明るく前向きでいること」などのルールを徹底したそうです。

これは「導き方次第で、脳の力は最大限にまで高められる」というお手本でしょう。

チームについての事例ではありますが、個人で勉強を進める際にも活用できる、汎用性の高い原則です。


あなたもぜひ、プラス言葉のシャワーを脳に浴びせてあげてください。

それが難しければ、せめてマイナス言葉は控えてあげましょう。

脳のA10神経群は、あなたの言葉に常に耳を澄ませていますよ。

脳の性質6　思い込みで記憶力まで下げてしまう

⬇「文系だから」「理系だから」という考えをなくす

ここまでお読みいただくと、すんなり納得いただけると思いますが……。

脳とはレッテルを貼りたがる上に「思い込みが強い」という頑固な一面も併せ持っています。

もしあなたが既に、自分自身に低評価を下し、それを固く信じているとしたら。

その思い込みを手放してみませんか。

それは単なる事実誤認や、社会的な通念にすぎない可能性が高いからです。

たとえば「私は文系なんで、機械が苦手で……」というフレーズを、まるで免罪符であるかのように口にする人は多いものです。

もしご本人が「機械」や「理系的な事柄」と一生向き合わず、無縁で暮らしていけるのであれば、問題はないでしょう。

でも、その人がまだ若かったり、学業や職業の方向性がまだ定まっていない場合、自らの思い込みで、視野を狭めてしまうのは、大きな機会損失だという気がしてなりません。

実際、私は今までに「自分は◎系だから」という言い方をする人たちに数多く接してきました。「第三者から見ると誤っている、もったいない思い込み」を挙げると、枚挙にいとまがありません。ですから簡単に決めつけないでほしいのです。

（もし何かを決めつけたい場合は、ポジティブな方向への思い込みをおすすめしま

す）

米・タフツ大学のアヤナ・トーマス博士らによる実験をご紹介しましょう。

実験では、「18〜22歳の若者の群」と「60〜74歳のシニアの群」に、それぞれ単語の記憶力テストを行いました。

単語リストを見せた後、別の単語リストを見せ、「どの単語が元のリストにあったか」を当ててもらったのです。そこで驚くべき結果が出ました。

「これは、ただの心理実験である」と説明した時には、両群の正解率は約50％でほぼ同じ。しかしテスト前に「これは記憶実験で、高齢者のほうが成績が悪い傾向がある」と告知しておくと、シニアの群だけ、正解率が約30％にまで低下したのだそうです。

この結果から「高齢者は覚えが悪い」という事前の刷り込みで記憶力が下がったことが推察できます。

つまり、思い込みや先入観が意欲を損ね、記憶力までダウンさせてしまうわけです。

なんともったいないことでしょうか！

実際、私は「記憶力を含めた認知機能が低下する」とされる40代半ばから記憶競技の世界に足を踏み入れました。

記憶力の低下を年齢のせいにするのは、お門違い。

周囲の意見や、社会通念、メディアなどからの言説に惑わされることはありません。

あなたの脳の可能性を信じてあげてください。

脳の性質7 — 言葉や文章は覚えにくい

⬇覚えたい事柄は、イメージに変換しよう

ファーストインパクトという意味で言うと、脳は文字よりもイメージ（ビジュアル）からの刺激を強く受けます。

よくも悪くも、**イメージからの刺激は感情を強く揺さぶります**。

ですから、手軽に刺激を味わえるテレビや漫画、映画などの娯楽が、広く一般の人気を集めているわけです。

その理由は、人類史を紐解いてみるとよくわかります。

アフリカで生まれて世界各地に広がった私たち人類の祖先は、6万年以上もの間、文字を持たずに過ごしていたことが明らかになっています。

アフリカのサン族の洞窟絵画には、動物を描いた線描のようなものがありますが、文字には発展していません。

フランスの、かの有名なラスコーの壁画だって、文字の発明には至っていません。

つまり私たちの祖先は、文字がなくても困らなかったし、イメージが大好き。

子孫である私たち現代人の脳も、当然イメージのほうを好むというわけです。

ここで1つ実験をしてみましょう。「キリンを思い浮かべてください」と言われた時。あなたは何を思い浮かべますか？　自由に連想してみてください。

いかがでしょう、頭の中にはあの首の長いキリンの「映像」が浮かんだのではないでしょうか。

中には、ビールの映像を思い出した方もいるかもしれません（笑）。しかし「キリン」「麒麟」などの文字そのものが頭に浮かんだ、という人は、ごく少数派のはずです。

このように、**脳は文字よりも絵や映像などの「イメージ」のほうを優先的に覚えたり、思い出したりするようにできています。**

他の例で言うと「思い出」も然りです。記憶の一種である思い出は、文字ではなくイメージの中で頭に保管されていて、ことあるごとにイメージとして頭に浮かんでくるはずです。

世の中には記憶術が数多く存在しますが、それらの手法や考え方は、本質的には

大量に覚える秘訣は、文字情報をイメージ化すること

「映像」で覚えたり「イメージングをすること」へと収斂されていきます。

「映像好き」という脳の本性を利用し、文字や数字などの〝記号〟を〝映像〟に変換して覚えるのが、記憶術の王道なのです。

一説によると、文字情報をイメージ化することで、情報量を500分の1に圧縮できるとされています。イメージ化とは、袋の中を真空にして容積を減らし、効率よく収納スペースを稼げる布団圧縮袋のようなものなのです。

ではいったい、どうすれば記憶のためのイメージ化がうまくできるようになるのか。

ここで、短い例題に挑戦してみましょう。

イメージを主体的、能動的に作り出す機会は通常そう多くはないはず。最初は少し手間に感じるかもしれませんが、単に「慣れだけの問題」と捉えてください。

人間には、イメージする能力が元来備わっているのですから、心配ありません。

イメージ化を意識して行ううちに「イメージを操って物事を覚えたほうがラクだな」と思えてくるはず。極論に聞こえるかもしれませんが**「記憶力＝イメージの力」**と形容してもよいくらい、イメージの持つ力は絶大なのです。

【問題】

次の2つの言葉であなた独自のイメージを作り、頭に入れてください。筋書きもオチもなくてＯＫ。短いお話を作る感覚で取り組んでみましょう。

（率直な心の中の声や、ツッコミを書き込むのもおすすめです）

・望遠鏡　・朝ご飯

【解答例】

・例①「嬉しさのあまり、買ったばかりの望遠鏡で台所の朝ご飯を見ている私」

・例②「兄が、大きな望遠鏡の上に、朝ご飯一式が載ったトレイを載せ、落ちないようバランスを必死にとっている。いったい何をしてるんだ……」

このように、イメージ化とは、非現実的、荒唐無稽な連想で構いません。むしろそのほうが、脳へのインパクトを強められます。またイメージ化に正解はないのが嬉しいところ。他人の評価やウケなどを気にせず、発想を自由に広げてください。数をこなすうちに、楽しくなってきますから。

コツは、自分や近しい人を登場人物にすること。「自分ごと」になるため、記憶が定着しやすくなります（「**自己関連付け効果**」／26ページ）。

脳の性質8 ─ 締め切りがないと頑張れない

⬇100均のタイマーを使う

脳には、締め切りが迫ってくると処理速度が向上するという性質があります。時間に制限がかかると、通常よりも集中力を高めてくれるのです。

とはいえ、この性質は潜在的なもの。脳の使い手が、脳に意識的に緊張感を与え、追い込んでいく必要があります。

脳は、切迫感を感じて初めて「私が頑張らねば！」と自覚するようになります。

具体的に言うと、有益なのはタイマーを活用することです。

１００円均一などで手に入るキッチンタイマーでも構いません。学習にかかる時間を、一旦イメージしながらタイマーに設定し、スタートボタンを押しましょう。

このように意識的に動作を行うことで、脳は「その時間内に課題を終わらせなければ」と自覚し、最大限の能力を出してくれます。

時間設定で、おすすめしたい長さは、ズバリ15分。

人間の集中力の持続時間を現実的な勉強時間に当てはめて考えると、15分という長さが最適だからです（最初は15分に設定し、15分から25分の範囲で微調整をしてもよいです）。

そして、休憩も必ずセットでとってください。

時間は5分（微調整可）。ただし、休憩時間にもタイマーをセットして「うっかり長く休憩し過ぎた」などということがないようにしましょう。

休憩時のポイントは、脳を最大限に休ませること。別の情報を入れたり、別の作業をすることはおすすめしません。トイレに行ったり、水を飲んだり、目を閉じて休んだりして過ごします。

このような**「15分の集中時間＋5分の休憩時間」**のセットこそ、最強の集中力を生み出してくれます。

たとえばこのセットを3回繰り返すと合計1時間の勉強時間になりますが、「60分の集中時間」で休憩無しで勉強するよりも、高い学習効果を期待できます。A4・1枚記憶法のシートを作成、復習する際にも、ぜひ取り入れてみてください。

脳の性質 9 ― 結果（学習効果）をすぐに出せない

↓短期決戦で挑まず、可能なら長期計画を

脳とは、ある意味「スローラーナー」。自分のペースでゆったり学び、結果を出す

タイプです。

「ファーストラーナー」のように、飲み込みが常に早いわけでも、好成績をすぐに叩き出せるわけでもありませんが、**学習を続ければ続けるほど、想定外の目覚ましい働きをしてくれます。**

つまり愚直な努力をコツコツと続け、結果に反映させるタイプ。

ですから勉強や運動で好成績を狙ったり、楽器演奏などの技術習得を目指す場合、長期の計画を立て、日々努力を重ねることが大切です。

「脳とはスローラーナーである」と、もし事前に知っていたら。

目標達成の途上で「うまくいかない」と感じても、投げ出したり悲観し過ぎたりすることなく、学びを冷静に維持できるでしょう。

特にお伝えしておきたいのは**「プラトー」（学習高原）**という現象です。

学習曲線（学習時間とその反応の関係を表す曲線）は通常、程度の差こそあれ徐々に右肩上がりの線を描いていきますが、どこかでその伸びは一時停止し、横ばいの

〝高原状〟を呈するようになります。

それが「学習高原」の〝高原〟に込められた意味です。


しかし安心してください。プラトーを超えた後は、まるで視界が広がるように新しい風景が開け、成長を実感できるからです。


「昨日まで覚えていなかったものを、突然記憶できるようになった」

「急に、◎◎ができるようになった（理解できるようになった）」

「アイデア（解決策）が急にひらめいた」

自分でもあっと驚くような現象が起こり始めます。


幼少時、〝補助輪付き〟から〝補助輪無し〟へと自転車を切り替えた時のことを思い出してください。

周りに介助してもらいながら、何度かの転倒を経て、ある時突然コツを掴み、うまく乗りこなせるようになる。

あの不思議な感覚こそ「プラトーを超える」と形容するのにぴったりです。

ですからプラトーとは〝停滞〟ではなく、学びが確実に進んでいる証拠。より上にレベルアップできる前兆です。

焦ることなく、その時期を乗り越えていきましょう。

「プラトー」は「**レミニセンス効果**」という言葉で説明ができます。

レミニセンス（reminiscence）とは、「**記銘（情報を覚え込むこと）の直後より、一定時間が経ってからのほうが記憶をよく想起できること**」を指します。

有名なところでは、日本人初のノーベル賞受賞者、理論物理学者の湯川秀樹博士も、レミニセンス実践者の一人です。

湯川博士は、１９３５年に原子核の内部にある中間子の存在を予言していました。

そして１９４７年に中間子が確認され、彼の予言の正しさが知られることとなり、

２年後のノーベル賞受賞へとつながります。

ではどのようにレミニセンス効果を引き起こしていたのでしょうか。

実は、あなたも今日から真似できる手法なので、即試してみてください。

「眠る前に問題について考え、ヒントや答えが降ってくることを確信して、目覚める」

これだけです。

できれば懐疑的な気持ちは捨て去り、脳に全幅の信頼を寄せて入眠するのがよいでしょう。

レミニセンス効果が起こる理由は「**レム睡眠中に、脳が自動的にメンテナンスを行い、情報を整理・仕分けしてくれるから**」という説が一般的です。

「試験（本番）が数日後に迫っている」という場合は別として、学習の目標設定をする時は、なるべく長いスパンで計画を立てられれば理想的です。

脳の性質10
怠惰な上に十分な睡眠が必須
↓最初の90分間が睡眠の質を決める

レミニセンス効果が起こる理由として、脳の自動メンテナンスを挙げました。

その驚きのメカニズムについて、お伝えしておきましょう。

実は脳は、睡眠中に多くの修復や維持を行ってくれています。

新しい脳細胞を生み出したり、細胞構造をよい方向に変化させたり、成長ホルモンを分泌したり。

また脳内に蓄積されたアミロイドβというアルツハイマー病の原因となるタンパク質を、他の有害毒素と共に洗い流してくれてもいます。いわば、脳内のお掃除です。

恐ろしいことに、**一晩でも睡眠が不足するとアミロイドβが蓄積されるリスクがある**ことがわかっています。

NIH（アメリカ国立衛生研究所）の研究結果をご紹介しておきましょう。

20人の被験者を対象として「通常の睡眠後」と「徹夜後」を比較したところ、わずか一晩徹夜をしただけで、ほぼ全員にアルツハイマー病の病変部である海馬、海馬傍回、視床という部位でアミロイドβの蓄積が確認されたそうです。

つまり、一晩の睡眠不足でもアミロイドβはたまっていくことになります。レミニセンス効果のためにも、アルツハイマー病を遠ざけるためにも、ぜひ睡眠を大事にしてください。

睡眠時間の理想は6時間以上。米・ハーバード大学の研究によれば、新しい知識や技法を習得するためには、覚えたその日に6時間より長い睡眠が必要であるとされています。

また睡眠は「長い時間眠れば眠るほどよい」というものではありません。大事なことは、睡眠の質。**最初の90分の質を上げること**を目指しましょう。最初の90分の質がよければ、あとの睡眠の質も、それにつられて向上することが明らかになっています。

具体的には、眠る90分前に入浴を済ませることをおすすめします。

そうすることで、**体の内部の「深部体温」を効率よく下げられる**からです。

よい眠りにつくには、深部体温が目覚めている時よりも下がる必要があります。

それはなかなか難しいこと。ですが入浴によって皮膚体温を上昇させ、体の表面から放熱することで、深部体温をぐんと下げられます。

また可能であれば、**睡眠1時間前のパソコンやスマートフォンの使用は控えられればベスト**です。これらの電子機器の画面から発せられるブルーライトが、体内時計のリズムを乱し、スムーズな入眠を妨げるからです。

あなたが良質な睡眠を担保することで、脳は睡眠中も掃除やメンテナンスに励んでくれます。

何より「寝不足で認知症に近づいていくかも……！」と思えば、**損失回避の法則**（得る喜びより、失う痛みを避けたがる心理）が働き、意識的に睡眠の質を高めていけるのではないでしょうか。

脳の性質⑪

時間帯によって機嫌が変わる

↓記憶に適した3つの時間帯を知っておく

脳の性質を理解することで、記憶力を無理なく伸ばすことができます。特に知っておいてほしいのは、脳が働きやすい時間帯についてです。脳が絶好調である時間帯に合わせて記憶の作業に取り組めば、効率は著しくアップします。

ここでは記憶に適した３つのゴールデンタイムをご紹介します。

大原則は「昼食や夕食（夜食）の直前の時間帯は、暗記に向いている。直後の時間帯は不適」ということ。それは「食料を確保する際（空腹時）こそ、脳が最もよく動く」という動物的な本能が、私たち人間にまだ残っているからです。

■ゴールデンタイム①……起床からお昼まで（記銘に最適、ただし起床後除く）

起床後からお昼前くらいまでは、１日の中で最初に脳がよく働く時間帯。

ただし朝起きたばかりの時は脳はまだ本調子ではないので、何かを覚えようとする記銘よりも、覚えた事柄を思い出す復習（想起）に充てるのが理想的。

■ゴールデンタイム②……16時〜夕食まで

16時頃から夕食までは再び脳が活性化する。暗記の作業に取り組むには理想的。

■ゴールデンタイム③……就寝前1〜2時間（記銘に最適）

就寝前に覚えたい事柄を記銘すると、その直後の睡眠で海馬が記憶の整理作業に取り掛かってくれるため、効率よく記憶を残すことができる。また、昼間に入ってきた記憶よりも、就寝前に入ってきた情報のほうが新鮮な分、整理の精度が高まる。

一方、息抜きをしたい時は食後をおすすめします。満腹になると「食事をとらなければ」という本能が満たされてしまい、脳が休憩モードに切り替わるからです。そうなると記憶する作業は、はかどりません。

もし仕事などの都合で「脳のゴールデンタイムに、記憶に取り組めない」という場合、自分が確保できる時間の直前に15～30分の仮眠を取ってから、記憶の作業に取り掛かることを推奨します。

ただし眠り過ぎると、かえって疲労が増加します。ですので、仮眠を取る直前にコーヒーなどのカフェイン飲料を摂っておいてください。カフェインの覚醒作用は摂取からちょうど30分後。眠り過ぎを防いでくれます。

また、脳のゴールデンタイムに記憶に取り組めるけれども「ちょうど疲れ果てている時間帯だ」という場合。同様の仮眠を取ってから記憶に取り掛かると、脳がリフレッシュするため効率を上げることができます。

第6章

不真面目な人こそ、記憶力が高まる5大脳習慣

「加齢で記憶力が衰える」という通説を真に受けない

暗記に取り組む際は「不真面目な姿勢」もおすすめしたいとお伝えしました（57ページ）。その本意についてお話ししておきましょう。

世の中には、記憶や学習についてのもっともらしい情報が数多く流布しています。

ですがそれらの説は、玉石混淆。中には、非科学的な説も少なくありません。

また、本人の捉え方次第で覆せる説だって存在します。

ですから一般論を〝大真面目〟に捉えて鵜呑みにするのは、待ってください。柔軟な心、違った視点で通説に向き合うことも忘れないでください。すると、本質が見えてくることもありますから。

もっともらしい情報の代表格は「年齢と共に記憶力は落ちる」という説です。「年をとると記憶力が衰える」と思い込み、意欲を喪失している人は珍しくありません。

しかしタフツ大学の実験の話でもお伝えしたように（１４１ページ）、「高齢者は覚えが悪いという先入観が、記憶力を低下させている」と推察される例は多いのです。

実際、私は44歳で記憶術と出会い、10ヶ月のトレーニングで「記憶力日本選手権大会」で優勝、日本一となりました。ライバルの顔ぶれは東大生やＭＥＮＳＡ会員（人口の上位２％のＩＱを持つ人たち）など、錚々たる面々。無論、私より若い人たちです。

私が若い人たちに勝てたという事実こそ「年齢と共に記憶力は落ちる」という説を反証しているでしょう。

さらに言うと、私は「年齢を重ねるほどメリットがある」とすら考えています。

その科学的根拠を挙げておきましょう。そもそも学習に必要な「知能」とは、「流動性知能」と「結晶性知能」に二分されます（17ページ）。

若い時にピークが訪れる「流動性知能」、そして経験や学習によって、20代以降も上昇を続ける「結晶性知能」です。これらの概念は、米・ハワイ大学教授のレイモンド・キャッテル教授が提唱したものです。

■流動性知能……新しい情報を獲得し、それをスピーディーに処理、加工、操作する知能のこと。計算力、抽象的な思考力、ＩＱ（知能指数）などが当てはまる。いわゆる受験テクニックに反映されるような知能を指す。25歳ごろにピークとなり、65歳前後で低下が見られる。

■結晶性知能……経験や学習などから獲得していく知能のこと。言語力に強く依存する。知恵、洞察力、理解力、表現力、批判力、応用力、創造力などが当てはまる。経験や学習によって20歳以降も上昇をつづけ、高齢になっても安定している。

両者の違いを、「計算」を軸にして説明してみましょう。

若い学生と高齢者が、足し算や引き算などの単純な計算問題を解く〝速さ〟を競った場合。深い知識や理解は不要であるため、若い人がおそらく勝つでしょう。

一方、経理の計算で勝負をするとどうでしょう。

学生も高齢者も、経理の作業は未経験だとします。資料を渡され「利益を計算せよ」と言われたとしたら。高齢者は、それまでの社会経験などを活かして、何とか取り組むことができるはずです。しかし社会経験のない学生は知識がないため、混乱することが予想されます。

つまり**反射神経を必要とするような計算問題を解くのは流動性知能の範疇、経理作業のような経験も求められる作業は結晶性知能の範疇**、というわけです。「年齢を重ねるほどメリットがある」と前述した真意が、おわかりいただけたでしょうか。

実際、6回目の「日本一」を獲得した時の私は51歳。2位は大学4年生、つまり22歳の青年でした。22歳に51歳が勝てた理由は、結晶性知能の差であることに間違いありません。

記憶のコツとは、抽象化です。抽象化とは、新しい知識と、脳内にある既存の知識を組み合わせて再編集し、新しい考え方を生み出すことです。

「このシチュエーションは、◎◎で既に経験している」

「この語呂合わせには、◎◎と◎◎が使える」

つまり、**自分が知っている情報に、新たな情報を紐付けていく作業が求められるた**

め、頭の中に蓄積された情報や語彙が多いほうが有利なのです。ですから、ミドル世代もシニア世代も、記憶や学習を臆せず続けてほしいと思います。

言わずもがなではありますが、「自分はできる！」という自信や「覚えたい！」「成長したい！」という強い動機が、結晶性知能を磨いていく際の土台となります。

このお話をすると、次のような声をよくいただきます。

「今から新しいことを吸収するなんて、モチベーションが高まらないよ」

そんな方には**「学習の転移」**という現象をお伝えしています。学習の転移とは「**1つのことを極めると、その学びが他にも転用しやすい**」という脳の性質です。

たとえば、1つの球技を極めた人は、他の球技のマスターも早いことが知られています。語学学習も然り。英語を一度学んだ人は「他の外国語も習得しやすい」と実感しているのではないでしょうか。

平たく言うと、**今まで1つの分野を専門としてきた人でも、脳には「新しいことをゼロから学ぶための仕組み」が備わっている**わけです。だから何歳からでも学び直しができるのです。

さらに言うと「**リスキリング**」（Reskilling）だって可能です。

リスキリングとは「**技術革新やビジネスモデルの変化に対応するために、働きながら新しい知識やスキルを学ぶこと**」。２０２２年10月、政府はリスキリングのための支援制度を総合経済対策に組み込む方針を発表しました。働く人のリスキリング支援に５年間で１兆円を投入する意向です。この支援策により、リスキリングのさらなる拡大が見込まれています。この波に乗らない手はありません。

あなたが脳の仕組みを信頼して、興味があることや好きなことを新たに学んでいくことを心から願っています。

「ブドウ糖は脳の栄養」というフレーズを鵜呑みにしない

「糖質こそ、脳を働かせてくれる原動力」

そう信じている人は多いのではないでしょうか。これも真面目な方が、つい飛びついて実践してしまいがちな通説です。

糖質が分解されて作られるブドウ糖は、確かに脳の栄養です。補給した直後の脳のパフォーマンスは一時的に高まります。ですが記憶作業の最中など脳の活動が活発な時には、なるべく控えることをおすすめします。

とはいえ私は糖質の働きそのものを否定したいわけではありません。ただ糖質を摂った直後の血糖値の上がり方を懸念しているのです。

糖質の多い食品、たとえば菓子類を摂って血糖値が急上昇すると、その直後に「インスリン」というホルモンの働きにより血糖値の上昇が抑えられて急降下します。

血糖値のこのような急激な変化を「**血糖値スパイク**」と呼びます。この名称は「血糖値の推移をグラフにすると、とがった針（スパイク）のような線を描くこと」に由来しています。

血糖値スパイクが起こると、体には様々な不調がもたらされます。眠さやだるさ、イライラ感などが引き起こされて、結果的に**集中力はダウン**。また血管を傷付ける有害物質「活性酸素」が発生したり、長い目で見ると**肥満や糖尿病発症のリスク**も高まります。

では、そんな恐ろしい血糖値スパイクを、どうすれば遠ざけられるのでしょうか。

まずは「脳を働かせるため」「脳の回転を速めるため」などの理由で、糖質を摂り過ぎないことです。また糖質を菓子類からではなく、なるべく食事から摂ることです。**菓子類に使われる砂糖は「二糖類」のため、インスリンが大量に分泌されたり、でんぷんよりも体内で吸収されやすかったり、食後の血糖値をどうしても急激に上げてしまうから**です。

一般に**1日の必要摂取カロリーの6割ほどを糖質から摂るのが望ましい**とされています。要は1日に２０００kcalが必要な人は、その約60%にあたる１２００kcalを糖質から摂ればよいのです。それも砂糖が多く含まれる菓子類ではなく、ご飯や麺類などの主食から糖質を摂るのが理想的です。

ご飯の糖質は主にでんぷん（多糖類）であるため、体内で分解されるのに時間がかかります。そのため食後の血糖値の上昇が緩やかで、腹持ちもよいのです。

食べる順序も大事です。食物繊維と一緒に糖質を摂ると、血糖値の急上昇を抑えることができます。食事の際は「野菜ファースト」、主食を食べる前に野菜から食べることをおすすめします。

またＧＩ値（Glycemic Index）についても詳しくなっておきましょう。ＧＩ値とは、血糖値の上がりやすさを示した値です。白米よりも玄米、うどんよりもそば、食パンよりは全粒粉パンのほうがＧＩ値が低いです。ＧＩ値がより低いものを選ぶことをおすすめします。

とはいえ「集中したいのに、空腹に耐えられない」という時は、血糖値が下がり過ぎている可能性があります。ブドウ糖を上手に補給する必要があります。

私が推奨する食材はナッツ、もしくはカカオ70％以上のチョコレートです。

食品とGI値

高い	低い
白米　食パン	玄米
うどん	全粒粉パン
ジャガイモ	そば
ニンジン	葉もの野菜
かぼちゃ	きのこ類
フライドポテト	大根　ナッツ
ケーキ	牛乳　チーズ
せんべい	リンゴ

■**ナッツ**……アーモンドやクルミ、カシューナッツなど。塩や油などで味付けされていない素焼きのものが理想的。

低糖質で良質な脂質と食物繊維を含んでおり、ビタミンやミネラルが豊富。また脳の活性化に貢献してくれる「不飽和脂肪酸」を多く含む。

■**高カカオチョコレート**……砂糖の含有量が抑えられている上、抗酸化物質のポリフェノールまで摂ることができる。

ただし、「安心だから」といってこれらの食材を過食するのはやめてください

（笑）。

一度に大量に摂るのではなく、「小腹が空いた」と感じた瞬間に少しずつ食べて、血糖値を調節しましょう。すると、血糖値は緩やかに上がり、適度な高さをキープして、その後徐々に下がってくれます。それこそ血糖値の理想的な推移です。

このように食べ物に少し気を配ることで、記憶の作業に没頭する集中力を持続させることができます。

勉強の時は「ノンカフェイン」を選ぶ

当然ながら、食べ物だけでなく飲み物に気を配ることも重要です。特に注意してほしいのは、お茶やコーヒーなどのカフェイン飲料の過剰摂取。

「勉強の直前だから」「集中したいから」という理由で、カフェイン飲料に頼り過ぎている人はいませんか。

「1日◎回は、◎◎のおいしいコーヒーを飲むのを習慣にしている」

そんな人も、多いのではないでしょうか。

カフェインの効能についての研究は、国内外で数多く存在しています。私も多くの文献を調べてきました。確かに、カフェインには覚醒作用や、集中力や注意力など脳の機能をアップさせる効能が認められています。ただし、それは「摂り過ぎなければ」という条件においてです。

1日のカフェイン摂取には適量があり、その量を上回るとメリットよりもデメリットのほうが大きくなります。たとえば不安感の増大や、短期記憶の低下、脳疲労などを招くようです。したがって勉強（作業）に取り組む直前やその最中には、ノンカフェインの飲料をおすすめします。

特に私が推奨するのは「水」。糖質や塩分が添加されたスポーツドリンクなどではなく、純粋な水です。**全体の80％が水分でできている脳にとって、水分バランスが少しでも変化すると、知的パフォーマンスに大きな悪影響を与えてしまう**ようです。

実際、私が記憶競技に参加した際の飲料も「水」の一択でした（私以外の選手も、ほとんどが水しか飲んでいませんでした）。

「でも本番で集中力を高めたいなら、糖質を含む飲料のほうが効果的でしょう？」

そう疑問に思う人がいるかもしれません。

確かに、一時的に見るとそうかもしれません。しかし前述した通り、やはり摂取した後の血糖値スパイク（１６８ページ）のリスクが高まってしまいます。

世界記憶力選手権の種目には、解答時間まで含むと3時間にも及ぶものがあります。その間、集中力をムラなく持続させるには、「水」による水分補給が最適なのです。

暗記のプロセスを頑張り過ぎない

暗記に取り組む際に、真面目な人が陥りがちな落とし穴がいくつかあります。

１つ目は、完全なＩＰ化を目指して、時間をかけ過ぎてしまうこと。

たとえば「きれいな語呂合わせやイラストの上手さを追求するあまり、試験当日までに出題範囲の全てを覚えることができなかった」。そんなケースを耳にしたことがあります。

どんなによい勉強法や記憶法でも、戦術に溺れては目標達成にはつながりません。「覚えるべき範囲」を正しく把握し、スケジュール管理をしていくことを忘れないでください。

極端なことを言うと、多少ヘンテコな語呂合わせしか作れなくても、殴り書きで、クシャクシャになったA4・1枚シートでも、テストの本番でよい成績を収めることができれば、それでよいのです。

「よい結果を残す」ということが〝目的〟で、「A4・1枚シートを作る」というのは、あくまでも〝手段〟。目的と手段を取り違えないようにしましょう。

2つ目は、少ない暗記の回数で覚えようとすること。

シート作成日の翌日に行う「復習1回目」や、その1週間後に行う「復習2回目」くらいで、全てを覚えきろうとしないことです。焦る必要は全くありません。

科学的に見ても、**一度に集中して多くの事柄を覚えるより、少しずつ覚えたほうが**

忘れにくいこと（分散効果／27ページ）が明らかになっています。ですから、大量の事柄を即覚えようとする姿勢は危険です。目的は、あくまで本番で勝つこと。少ない回数の暗記で覚えることにこだわり過ぎないでくださいね。

このように目標を掲げて暗記に取り組む際は「本番で優れた成績を残せればよい」という真の目的を見失わないようにしましょう。よい成績を収められるのなら、効率よくラクに（＝不真面目に）暗記に取り組んだほうが、勉強へのモチベーションを持続できます。

また真面目さは、脳に多大なストレスやプレッシャーを与えることがあります。

ですから多少不真面目なくらいのほうが、結果的にはうまくいくのです。

「アイデアは、ゼロから創出すべき」と身構えない

最後に、「不真面目な人こそ、記憶力を高めて成功しやすい」というメッセージを

お伝えしておきます。

ここで言う成功とは「自分が望む時に、最良のアウトプットができる状態」というニュアンスです。好きな時に、状況に左右されず、思い通りのアウトプットができれば、どんなに素晴らしいことでしょうか。

平易に言うと、アイデア体質になればどんなに快適で楽しいことでしょうか。きっと、その人らしい心豊かな人生を送れるはずです。

ではどうすればアイデア体質になれるのか。それが、本書の裏テーマの一つです。

ここまで読んでくださったあなたにだけ、「アイデア」のつくり方についてお話ししておきます。混迷を極める時代を生き抜くビジネスパーソンにとって、アイデア体質かどうかは死活問題でしょう。

「いったいなぜ記憶法の本で、アイデアが語られるのか」

そう不思議に思う方もいるかもしれません。答えは簡単です。

あらゆるアイデアは〝既存の記憶〟の組み合わせでしかないからです。

こう言うと、驚かれるかもしれませんね。特に真面目な人ほど「アイデアとは、ゼロから自力で生み出すもの」と捉える傾向があるようです。ですが、様々な知見から「アイデアとは何もないところから突然生まれるものではない」という事実が明らかになっています。

知的発想法の名著『アイデアのつくり方』の著者、ジェームス・W・ヤングは、著作の中で「アイデアとは既存の要素の新しい組み合わせ以外の何ものでもない」と断言しています。

「アイデアが、組み合わせによって生まれるなんて。そんな考え方は不真面目だ！」

あなたはそう捉えますか？　でも私は、ヤングの意見に賛成です。

「異なる状況、タイミングで頭の中に入ってきた情報が、ある時化学変化を起こし、新しい価値を持つ情報を生み出す」という体験を何度もしているからです。

ですから、今、特に目先の目標に追い立てられていない人も、何かを記憶することに取り組んでいただきたいのです。結果〝既存の記憶〟が増え、アイデア体質へと近づいていくことになります。そのメカニズムは、7章で説明いたします（202ページ）。

「アイデアなんて、どうせ組み合わせ次第。記憶のトレーニングを重ねることで、いくらでもいいアイデアが湧いてくるよ」

それくらい、軽やかに捉えておいてください。

覚えた知識をそのままの形でしか使えないのなら、人の記憶の価値はそれほど高くはないでしょう。でも、記憶した知識を組み合わせて新しい価値のあるものを生み出すところに、人の記憶の価値があります。それこそ記憶の本質です。

次の章では、いよいよそんなお話を展開していきますね。

実際書いてみた！ A4・1枚記憶シート

● if-thenプランニング

if ・朝起きたらまずは	then A4ノート3ページ分 プライベートライティングする
目的 ・創造力アップ ・ワーキングメモリトレーニング ・書くマインドフルネス	

● 夢を書く

私の夢	日本人の「脳力」アップに貢献して 日本の国力向上に寄与すること
手段：記憶力をはじめ 脳力開発につながる 教材・コンテンツの提供	

第7章

記憶力を土台に、あらゆる能力を磨いていく

人は、記憶でできている

「人は、記憶でできている」
私は常々、そう考えてきました。
それほど、その人固有の記憶は、大事なもの。
「自分自身が誰であるか」というアイデンティティーそのものと言えます。
ですから人は記憶喪失になった途端に「私は誰？」となり、混乱してしまうのです。
記憶とは、何とも奥深いものではないでしょうか。

実際、そのような問題意識で「記憶」をテーマに創作に向き合い続けた作家たちがいます。その作品の中には映画化され、話題を呼んだものもあります。
皆さんも、きっと1つはそのタイトルを見聞きしたことがあると思いますよ。

たとえばアメリカの人気ＳＦ作家、フィリップ・Ｋ・ディック。

彼の小説『追憶売ります』を映画化した名作『**トータル・リコール**』は有名です。「模造記憶を植え付けられた男」という奇抜な役どころをアーノルド・シュワルツェネッガーが熱演し、話題を集めました。

また、人間の記憶を移植された人造人間が登場する『**ブレードランナー**』も、ディックの作品が原作です。

監督は、リドリー・スコット。SF映画の金字塔として、広く愛された映画です。

同じく、全米を席巻したスパイ冒険小説作家、ロバート・ラドラムも忘れてはなりません。彼の傑作『暗殺者』を映画化した『**ボーン**』シリーズも世界中で大ヒットしました。

主人公は、マット・デイモン演じるジェイソン・ボーン。

「記憶をなくした工作員が、襲撃されながらもアイデンティティーを取り戻す」という感動のアクション・スリラーです。

その魅力的なキャラクターが人気を呼び、『**ボーン・アイデンティティー**』から

『ジェイソン・ボーン』まで、スピンオフも含めて5つもの作品がつくられました。

これらの名作のうち、1つでも観てもらえれば「人は、記憶でできている」とすんなり納得いただけるはずです。

もちろん、右に挙げた他にも「記憶（喪失）」をテーマとした作品は、国内外に多数あります。また、あなたのお気に入りの「記憶」にまつわる作品があれば、ぜひ教えてくださいね。

このように記憶力とは、人間が「その人らしく」生きていくための〝土台〟（アイデンティティー）となる力です。

それだけではありません。さらに踏み込んで言うと、あらゆる能力の〝土台〟にもなってくれています。

たとえば論理的思考や、クリエイティブな発想、円滑な社会生活を送るためのコミュニケーション、身体の運動、理性による情動の抑制……。

脳が担当している様々な働きの全ての根幹に、記憶力は深く関係しています。**記憶力とは、他の能力にも動力を与える、いわばエンジン的な存在。**ですから記憶力を鍛えることで、他のあらゆる能力に好影響が期待できるのです。

もしあなたが、様々な能力をアップさせて、勉強や仕事、人間関係などをよくしていきたい時。まず記憶力を磨くことが最も合理的な近道だと言えるでしょう。

点と点をつなぐ

「でも……。記憶力を鍛えて、多くの事柄を記憶しても、その情報って、いったい何に役立つのですか？　私はもう大人で、今から大学に行くつもりも、資格試験を受ける予定もありません」

こんな質問をいただくこともあります。確かに、そのお気持ちはよくわかります。ただでさえ毎日忙しいのに、記憶のための時間を捻出して、どんな見返りがあるのかと疑問を持たれるのも、ごもっとも。そんな方には次の言葉を紹介しています。

アップルの創業者、スティーブ・ジョブズ氏が２００５年、スタンフォード大学の卒業式で述べたスピーチの一部。「コネクティング・ザ・ドッツ」（点と点をつなぐ）という考え方が示された箇所です。

ジョブズ氏は大学生の頃「カリグラフィー」（古代ヨーロッパ発祥の、文字を美しく表現する手法）の授業に興味を持ち、講義を聴いていたそうです。ただし、当時はその授業がどのように役立つかは、意識していなかったのだとか。

でも約10年後、大学を卒業してＭａｃ開発に没頭していく中で、「モニター内に文字がどのように浮かびあがるか」「文字の美しさが、人間の視覚認識にとってどれほど重要か」気付いたのだそうです。

その時、頭に浮かんできたのは、大学でのカリグラフィーの授業。彼はそれを「点がつながった」と表現しています。そして、世界中のパソコンに「フォント」という概念が誕生しました。

つまりジョブズ氏は、最初から「フォント」を生み出そうとしてカリグラフィーを学んでいたわけではありません。「美しい」「面白い」という純粋な気持ちからカリグ

（原文）
you can't connect the dots looking forward;
you can only connect them looking backwards.
So you have to trust that the dots will somehow connect in your future.
You have to trust in something— your gut, destiny, life, karma, whatever.
This approach has never let me down, and it has made all the difference in my life.

（日本語訳）

将来をあらかじめ見据えて、点と点をつなぎあわせることなどできません。

できるのは、後からつなぎ合わせることだけです。

だから、我々はいまやっていることがいずれ人生のどこかでつながって実を結ぶだろうと信じるしかない。

運命、カルマ…、何にせよ我々は何かを信じないとやっていけないのです。

私はこのやり方で後悔したことはありません。

むしろ、今になって大きな差をもたらしてくれたと思います。


【出典】『日本経済新聞』Web版2011年10月9日配信

ラフィーに夢中になり、その結果カリグラフィーとパソコンという点と点が結びつき、結果的に「フォント」が創造されたという流れです。

このように、人生においては後で何が活きてくるかわかりません。

ただ、人生を創り上げているのは、その人の経験、言い換えると〝記憶〟そのもの。だから人生において、遊びや寄り道は、実は重要なのです。当時は無駄としか思えなかったのに、後から「意味を持っていた」と気付かされることも多々起こります。

もしかすると親御さんの中には、お子さんにこう尋ねられて困った、という経験を持つ方もいらっしゃるのではないでしょうか。

「なぜ勉強をしなくちゃいけないの？　社会に出ても、役に立たないんじゃない？」

難しい数学の方程式や、複雑な英語の構文、難解な元素記号、長い法律の条文……。

それらが目先の受験以外のところで、どのように役立ってくれるのか。お子さんに説明するのは難しいかもしれません。そんな時には、ぜひジョブズ氏の話をしてあげてください。勉強へのモチベーションも強まるはずです。

一方、20代以降の方には、地理や歴史などの教養を再びインストールするようおすすめします。記憶をすれば知識同士がつながり、世界の豊饒さを実感し、より重層的に物事を捉えられるようになります。知的な喜びや充実感に満たされることでしょう。

たとえば、**歴史を変えた世界の大発明。**
ヨーロッパの地理や美術史。
日本の世界遺産。
鎌倉時代から江戸時代までの歴代将軍。
星座の話や宇宙の話……。

学びを継続するうちに、オン・オフ共に様々なシーンで会話が豊かになり、コミュニケーションが洗練され、人生そのものが円熟していきます。

その理由は明白です。記憶によって話の引き出しが増えると、社交のレベルも自ずと上昇するからです。実際、欧米のビジネスシーンでは、学歴以上に「会話からうかがえる本人の教養レベル」で商談の結果が左右されることもよくあります。

言い換えると、頭に入れた情報とは、あなたを守る最強の武器なのです。

もしくは、あなたを輝かせてくれる最高のアクセサリーとも形容できるでしょう。

記憶力を鍛えると、〝能力の王〟集中力がアップする

記憶力を磨くことで、他のどのような能力を連鎖的に、かつ自動的に向上させることが可能なのか。いよいよ具体的に見ていきましょう。

まずは「能力の王」、集中力についてお話しします。

集中力とは、あらゆる能力のブースターとなり得る力です。

本書では集中力を、次のように定義しておきます。

「複数の事柄の中から、最優先すべき1つの課題に注意を集中し、それに取り組むことができる能力」

そして私は「集中力」を、次の5つの要素に〝因数分解〟して捉えています。

❶すぐに取り掛かれる力
❷周りを気にしない力
❸思考がぶれない力
❹長い時間、取り組める力
❺最高のパフォーマンスを発揮できる力

いかがでしょう、イメージを共有できたでしょうか。

思考力や想像力など、多くの能力は集中力の影響を受けています。どれだけ能力が高くて優秀でも、生まれつき才能に恵まれていても、集中をしていなければパフォーマンスは上がりません。ですから、**集中力は「能力の王」**と言えるのです。

ではいったいどのようなメカニズムで、記憶力の鍛錬を通して、集中力が副次的に得られるのでしょうか。実は記憶力と集中力は、ほぼイコールです。なぜなら、いずれも脳に依存している能力だからです。

私は、とある悔しい経験がきっかけで脳の仕組みについて調べていくうちに、「**記憶力も集中力も、鍛えるための使い方は似たところが多い**」と突き止めました。それは、非常に好都合だと言えますね（笑）。

また脳の柔軟性は非常に高く、「いつからでも変化できる性質」（可塑性）があると最新の脳科学では明らかにされています。ですから、あらゆる年代の方に記憶力と集中力を同時に磨くことをおすすめしたいのです。

たとえば新しい経験や学習などによって脳が活性化され、シナプス（神経細胞であるニューロンと、次のニューロンをつなぐ接合部のこと）の通りがよくなると、伝達物質の放出量が増え、数が増えれば接点が増える分、情報のやりとりが多くできるという効果がわかっています。それを「**シナプスの可塑性**」（28ページ）といいます。

他の例も挙げてみましょう。

脳卒中や脳梗塞などの脳血管障害で、脳の神経細胞が一旦損傷されたとします。

以前は「元に戻らない」というのが通説でしたが、今では「死んだ脳の神経細胞の周りに新しく神経回路ができること」がわかっています。

また年齢を重ねても、ニューロンは突起を伸ばしてネットワークを作ることができるため、シニア世代でも豊かな創造性を発揮するなどのアウトプットが可能です。たとえばイギリスの劇作家、バーナード・ショーは90代に入ってからも数編の戯曲を書き残しています。もちろんそのためには本人の強い意志、そして訓練や経験、学習など脳への積極的なアプローチは必須です。

このような事実を認識し、まずはあなたも「記憶力も集中力も、必ず同時に伸ばせるもの」という意識を強く持ってください。

記憶力、集中力を同時に伸ばしていきたい時。脳の働きを援護射撃する一つの手段として、軽い運動をすることをおすすめします。

といっても、本格的にハードな種目に取り組む必要はありません。「自宅周辺を軽く散歩する」というレベルのウォーキングで十分です。**適度な運動が、脳の神経細胞を増やし、シナプス可塑性を活性化してくれます。**

でも実際、学習中に「記憶力も集中力も切れてきた」と感じる瞬間は、誰にでも訪れるもの。そんな時は、脳のエネルギー源である糖質を適切に摂りましょう。主原料にブドウ糖が使われているラムネ菓子などがおすすめです。

ただし「エネルギー補給」を大義名分に、甘いものを食べ過ぎないこと。血糖値スパイク（食後の血糖値の急上昇と急下降のこと）によって、眠気や疲労などが突然引き起こされることがあります（１６８ページ）。

かくいう私自身、生まれつき記憶力や集中力に恵まれていたわけではありません。集中の持続する時間が短く、ついつい散漫になりがち。その上、他のことに一旦気を取られると意識をなかなか元に戻せない、という有り様でした。

そんな弱点と対峙したのは、２０１３年のこと。皮肉なことに、記憶競技の大会本番で、自らの集中力の無さを突き付けられたのです。

2013年2月。記憶力日本選手権大会に初出場、初優勝した私は、同年8月に出場した「オーストラリアン・オープン」という大会でも優勝を収めました。

それらの勢いを受け、12月に行われる「世界記憶力選手権」にも出場を決意します。

しかし、そこで番狂わせが起こりました。

自分としては世界記憶力選手権の〝肩慣らし〟のつもりで、9月に「香港オープン」という大会に出場したのですが……。なんと結果は優勝どころか12位！

自分の中では〝大失敗〟でした。敗因は、集中力の欠如です。

これまでと同じ記憶の作業に取り組んでいるのに、自分が置かれた状況やコンディションが異なるだけで集中力が著しく低下し、不首尾に終わってしまったのです。

私はあまりのショックで、それから記憶力と同様に、集中力の向上について追求し始めることになります。

このように自分が既に獲得している能力（ここでは記憶力）も、集中力という〝能力の王〟が乱れると、いつも通りに発揮されなくなります。

極端過ぎる例かもしれませんが、皆さんの他山の石となれば幸いです。

記憶力を鍛えると、思考が深くなる

人生１００年時代。加えて、ＶＵＣＡの時代と呼ばれる現代。価値観の多様化が進み、社会の構造も複雑化し、未来の予測は一層難しくなると予想できます。

そんな世の中に対応し、生き抜いていくには思考力、要は考える力が一層求められるでしょう。実際、思考力を重視する傾向が強まっているのは間違いありません。

たとえば大学入試の出題形式や、文部科学省が新しく示した学習指導要領などを見ていても明らかです。

「ＡＩの時代だからこそ、人間の思考力の重要性はより高くなっていく」

そんな論を、あなたも見聞きしたことはありませんか。

では思考力を伸ばすためには、いったいどうすればよいのでしょう？

頭の中に何もない状態で、思考力を養えるものでしょうか。直感で、あなたも「それはさすがに無理だろう」と思いませんか。

思考力とは、当然ながら既知の情報の組み合わせから生まれるものです。

知識がゼロの土壌から、「本人が全く知らない概念」が出てくるとは考えにくいもの。

新しい思考には、既存の思考の要素が多かれ少なかれ含まれています。もしくは「既存の思考に触発され、別の方向から導き出されたもの」と捉えるのが自然です。

そういった意味では、**既知の情報が豊富、かつ有機的に絡み合っている知識の〝ゆりかご〟あるいは〝枠組み〟のようなものが充実しているほうが、思考力を養う上で優位に立てる**のは間違いありません。

そこでキーになってくるのが記憶力です。記憶力を磨いて、知識を蓄えている状態ほど、思考力を培うには有利です。

ここで誤解なきよう強調しておきたいのですが……。

記憶の価値とは「インプットしたこと（覚えたこと）を取り出してそのまま使う」

という範疇に留まりません。**別のところで新たな価値を生み出すことこそ本分**です。たとえば「世界一新しい国、ニウエの首都はどこですか?」と訊かれた時、「アロフィです」と答えるスタイルの問題の場合。AIなら、瞬時に正答できるでしょう。人間が答えるよりも、確かに早いかもしれません。

ただ、私たちにこれから必要な思考力とは、そんな「機械的にアウトプットする力」ではありません。**「世界平和につながるような提案をしてください」というような抽象度の高い問題に、具体例を盛り込んだユニークな答えを提案できる能力**なのです。

(実際、様々な学校の入試でそのような記述式の問題が増えています)

それこそ、人間ならではの〝記憶活用術〟の真髄ではないでしょうか。

具体例を挙げてみましょう。

ニウエという国について、次のような情報をざっくりとでも記憶していた場合。

■イギリス保護領からニュージーランドの属領となり、1974年に自治権を得て、

２０１５年、日本が承認した世界一新しい（２０２２年現在）独立国家となった。

■ニュージーランドと自由連合契約を結び、軍事・外交権はニュージーランドが持っている。

■国際連合は、ニウエを正式加盟国とはしていないが独立国家として一定の認知を与えている。

■１９９３年に国際連合教育科学文化機関（ユネスコ）に加盟した。

■２０１６年９月時点で、20ヶ国と１つの地域と外交関係があり、34の国際機関に加盟している。

小論文を書く際に、次のような思考が高速でできるわけです。

「ニウエという『世界一新しい国』の事例を出すことで、採点者にインパクトを与えられるだろう。そしてニウエが旧宗主国と友好な関係を保ちながら、独立国家として歩み出している姿を描きながら、他国の例との比較論を展開すれば、８００字なんて一瞬で埋められるなぁ」

このニウエの例は、単なるアイデアに過ぎません。

「記憶こそ思考の素材」という事実を、わかりやすくお伝えしたかったまでです。

言い換えると、自分の〝手持ちの情報〟が乏しければ、より高度な思考や、より多くの思考など望めるわけがないのです。

今後、人間がＡＩとの能力を差別化し、優位性を示すには、このような人間ならではの記憶活用術にもっと注目すべき、という気がしてなりません。

インプットした複数のことを組み合わせたり、掛け合わせたりして思考し、何かを生み出すわけですから、アウトプットの量は2倍、4倍、8倍と等比級数的に増えるといっても過言ではありません。

先に挙げたニウエの例に加え、地政学の知識がもしあれば、

「ニウエの例と、ソロモン諸島の内紛を比較しよう」という気になるかもしれません。

もしくは、戦国武将マニアなら、

記憶量の多さが、高度な思考の材料になる

「ニウエの外交姿勢は誰に近いかな。信長、秀吉？　〝平和〟に絡めて論じよう」

このように、ワクワクしながら小論文に取り組めるはずなのです。

嬉しいことに、記憶力が高まったかどうかは自分で推察できるもの。「記憶できた量」が増えれば、定量的に記憶力がアップしたと言えます。それに連動して、思考力もオートマティックに高まっていきます。

思考力が高まると、目覚ましい結果を出せたり、日常面でも様々な変化を起こせたりするようになります。少なくとも、自分自身で思考力の成長を自覚できるはず。

ですから、思考力をアップさせたい場合、遠回りに思えるかもしれませんが、A4・1枚記憶法の活用をおすすめします。

記憶力を鍛えると、アイデア体質にもなれる

思考力に次いで創造力（＝ひらめき力、アイデア創出力）についても触れておきましょう。

私はイメージ化（IP化）を活用して、記憶競技の日本大会に参戦。40代半ばからのスタートで、6度の「記憶力日本一」を収めました。その過程で、様々な能力の向上を実感。中でも突出した伸長を実感したのは、創造力です。

「記憶のトレーニングを積んだおかげで、創造力に富んだアイデア体質になれた」

今ではそう感謝をしています。

アイデアと記憶との関係については前述しましたが（176ページ）、さらに深く考えてみましょう。

私は現在、脳力開発のための書籍、教材、講座などのコンテンツ開発に携わっています。創造力をかなりの程度、要求されます。

もちろん、創造力とはどのような仕事でも多かれ少なかれ要求される能力でしょう。ですが私の場合、「世の中に存在しない、新奇なものを創り出すこと」を求められる局面が多く、常にアイデアを探しているような状態でした。

前例やお手本がほぼ見当たらない状況で〝無茶ぶり〟とも言える過酷なオファーに、なんとかお応えし続けてきました（笑）。

しかし、本音を言わせていただくと……。

40代で、もし「記憶競技」に出合わなかったら。記憶の訓練を積んでこなければ。そのようなゼロイチ（まだ世の中にない、新しいモノやサービス、価値をゼロから生み出すこと）を実現させ続けるのは、まず不可能だったと思います。

ではいったいなぜ、私は無茶ぶりに応え続けられたのでしょうか。

それは**「記憶のトレーニング」が「アイデア創出のトレーニング」と重複する部分が大きい**からです。

ここまでお読みいただいたあなたには、ご理解いただけると思いますが、IP化を軸とした記憶のトレーニングは、イメージ操作のトレーニングでもあります。

頭の中で、イメージを思い浮かべることから始まって……。

そのイメージを大きくしたり、小さくしたり。数を増やしたり、回転させたり、動かしたり、異なるイメージ同士を結合させたり。

そのように**イメージ操作に慣れ親しむことが、期せずしてアイデアを生み出すトレーニングにもなっていた**のでしょう、自覚できるほど、ひらめきの数が増えました。記憶のトレーニングが、創造力まで間接的に伸ばしてくれたのです。それは想定外の嬉しい誤算でした。

あなたもA4・1枚記憶法を活用して、目先の目標を軽やかにクリアしてください。

そして同時に想像力も伸ばして、**あなたならではのユニークなアウトプットをどんどん世に送り出してください。**

私の場合、シャワーを浴びている時に最もよくアイデアが思い浮かびます。

当然、人によってそのシチュエーションは異なるはず。自分にとっての「ひらめきやすい状態」を見極めることが、アイデア体質への第一歩になりますよ。

記憶力を鍛えると、空間認識能力も磨かれる

Ａ４・１枚記憶法で「頭の中にイメージを浮かべること」を繰り返すうちに「空間認識能力」という能力も高まります。**作業手順などを考えるのも得意になり、質の高い仕事を要領よくスピーディーに遂行できるようになります。**

「そんな夢のような話が本当にあるのか」と思われるかもしれません。

そもそも**「空間認識能力」**の定義とは、**物体同士の空間的な関係を理解して記憶する能力**のこと。頭の中で立体を想像したり、街の地理や建物の間取りを思い出したりなど、空間や位置関係をイメージする力を言います。

たとえば、幼少期によく訪れた祖父母の家の間取りや、学生時代の通学路の地理などは、大人になっても詳しく思い出すことができるもの。それは、空間認識能力のなせる業なのです。

空間認識能力は、球技をはじめとしたスポーツにおいても非常に重要です。

２０１６年のリオデジャネイロ五輪で男子サッカー日本代表チームの監督を務めた手倉森《てぐらもり》誠氏は「ヘディングが上手なのは、背が高い人ではなく空間認識能力の高い人」とインタビューで話しています。

意外に思われるかもしれませんが**「時間感覚」をイメージして、自らの行動をコントロールする能力も空間認識能力**に含まれます。例を挙げてみましょう。

月曜の朝。「明日16時までに会議の書類を作成してほしい」と上司に頼まれた時。

「月曜の12時までにAの仕事を終わらせ、14時までにBの仕事を終わらせ、急ぎではないCの仕事は後回しにして、会議の書類作成に取り掛かり、月曜中にざっくりと完成させ、火曜の朝に修正を始めて12時には提出しよう」

このように余裕を持たせながら計画を立てることも、空間認識能力があれば容易にできるのです。

もちろんこのようなスケジューリングは、多かれ少なかれ誰もが行っています。そのような作業を、頭の中だけで迅速に行い、確実に遂行できる。時には、予定をうんと前倒しして完遂し、周囲から信頼や賞賛をいつも集めている……。それが「空間認識能力」に長けた人のイメージです。

昨今、空間認識能力は非常に重要視されています。

イギリスの科学誌『ネイチャー』でも、「空間認識能力がクリエイティビティ（創造）やイノベーション（革新）において主要な役割を果たし得る」と説かれた記事が掲載されました。つまり空間認識能力の低さによる弊害は、道に迷ったり球技が不得意だったり、というレベルに留まりません。残念なことに、物事を計画通りに進めることが苦手であるなど、要領の悪さや仕事の遅さにもつながりかねないのです。

ではいったいなぜ、「頭の中にイメージを浮かべること」で空間認識能力が磨かれるのでしょうか。

答えは簡単。**イメージを浮かべることが、脳の海馬にある「場所細胞」という神経細胞を積極的に使うことにもなるから**です。

場所細胞の役割は「自分と空間との位置関係を把握すること」。イメージ化の練習を続けるうちに、この場所細胞も同時に鍛えられることがわかっています。

少し高度な話になりますが、A4・1枚記憶法を実践する際は、自分の思い浮かべたイメージをよく動かしてみてください。複数の何かを組み合わせたり、同時に動かしたりすることもおすすめです。

自分の頭の中の「イメージ空間」を使いこなせるようになると、脳の前頭前野に深くかかわるワーキングメモリも活性化します。

たとえば将棋の藤井聡太六冠や野球の大谷翔平選手をはじめ、優れたエンジニアや建築家、外科医など**一流のプロは、自分のイメージ空間を使いこなしています。**

記憶のためのイメージ化を重ねることで、二次的な効果として空間認識能力が磨かれ、結果的に自分のイメージ空間を駆使できるようになれば、何とも素晴らしいではありませんか。

記憶力を鍛えると、ワーキングメモリ能力も高まる

「イメージ空間」を使いこなせるようになると、脳の前頭前野に深くかかわるワーキングメモリも活性化する、とお伝えしました。その点についてわかりやすくご説明しておきます。難しく聞こえるかもしれませんが、大変魅力的なお話なのです。

ワーキングメモリの能力が高い人は、ＡＣＣという部位（前帯状皮質）が共通してよく活動しているという事実が明らかになっています。

そして、このＡＣＣの活性化に効果的なのが、イメージング（イメージをしたり、創造したりすること）なのだそうです。つまり、このＡ４・１枚記憶法でイメージ化**を重ねれば、自然にＡＣＣを鍛え、ワーキングメモリを鍛えることができます。**

結果、脳の処理能力は高まるため、様々なタスクの処理速度は速まり、効率や生産性もアップ。人生をより有効に活用できます。

たとえば1つのタスクにかける時間を3分の2に縮小できるとしましょう。低く見積もっても、**1日に換算して3時間ほど自由に使える時間が増える**試算になります。

とはいえ私は夢物語を話しているわけではありません（笑）。科学的なエビデンスを挙げておきましょう。

ワーキングメモリ研究の第一人者、苧阪満里子《おさかまりこ》氏（大阪大学名誉教授／未来ＩＣＴ研究所脳情報通信融合研究センター主任研究員）によると、「ワーキングメモリを働かせるのが得意な人とそうでない人がいる」そうです。その違いはＡＣＣにありました。

苧阪氏は大学生50名を対象にＲＳＴという試験（文章中の1つの単語だけを覚えていく試験）を実施しました。そして高得点者と低得点者を比べたところ、**高得点者ほ**

どＡＣＣが活性化していたそうです。

またその後の実験で、ＡＣＣとＳＰＬ（上部頭頂小葉）、ＤＬＰＦＣ（背外側前頭前野）がネットワークを作り、それが司令塔となって情報の保持や処理に当たっていることもわかりました（＝ワーキングメモリ）。

では「いったいどうすればＡＣＣを活性化できるのか」を知りたいですよね。

たとえば加齢などに伴い、ワーキングメモリの能力が著しく低下している場合、イメージングの効果が絶大なのだそうです。

苧阪氏曰く、ある訓練で「覚えるべき単語をイメージしてください」と高齢者に伝え、**絵を描いてもらった直後に脳の活動を調べると、訓練前にはほとんど活動していなかったＡＣＣに活動が認められた**そうです。

ここでいうイメージングとは「頭の中に表象を形成する訓練をすること」。

本書で提唱する第4象限のイメージ化（ＩＰ化）と、同義なのです！

Ａ4・1枚イメージ法で、どんどんイメージングを重ねていきましょう。自動的にワーキングメモリが鍛えられていきます。認知機能の低下を遠ざけることにも一役買ってくれるでしょう。

できれば楽しい目的を掲げながら、そして面白がりながら習慣化をしてください。ドーパミンが出ることでＤＬＰＦＣが活性化し、ワーキングメモリの能力のさらなる向上に寄与してくれます。

記憶力を鍛えると、抽象化能力も向上する

「抽象化能力」と聞くと「難しそう」という印象を持たれる方もいるかもしれません。でも安心してください。「お笑いタレントの有吉弘行《ひろいき》さんが発揮している力」というと、とっつきやすくなるのではないでしょうか。

先輩に対しても容赦なくキツいあだ名を付け、国民的な人気を不動のものにした有吉さん。彼を例に、抽象化能力について説明していきましょう。

有吉さんが〝あだ名の命名芸〟によって再ブレイクを果たされたのは２００７年、『アメトーーク！』（テレビ朝日系）へのゲスト出演時でした。品川祐《ひろし》さん（品川庄

司）に付けた「**おしゃべりクソ野郎**」というあだ名が大ウケ。その後、様々な番組で芸能人にあだ名を付け続け、お茶の間に強烈なインパクトを残しました。

たとえば、ダウンタウンさんには「**息の長い一発屋**」、西野亮廣《あきひろ》さん（キングコング）には「**元気な大学生**」。他にも数百のあだ名がありますが、あまりに辛辣であるため、ここでは触れないことにします（笑）。

有吉さんの命名が優れているのは、**見た目の特徴に留まらず、その人の背景や業績などの目に見えない部分（本質）を掴み取り、精緻に言語化をしている点**です。

中には、「日村勇紀《ゆうき》さん（バナナマン）＝ポール・マッカートニー」など、見た目の特徴を言語化した例もあります。しかし「見た目以外の特徴で、誰もが無意識のうちに感じていること」を言語化するパターンが、圧倒的に多いのです。

彼はいったいなぜ、そんなことができるのでしょうか。

まず、有吉さんのワーキングメモリの容量が大きく、その機能が優れているのは間違いありません。自分が持っている膨大な情報の中から、「あだ名に使えそうな情報」を一瞬で引き出してくるのは、ワーキングメモリのなせる業だからです。

「命名したい人」の見た目の特徴や、今までのバックグラウンドや業績、そして起こした事件、本人の趣味や嗜好……。それらを全て並べてから、自分の持つ「あだ名に使えそうな情報（記憶）」と引き合わせ、マッチしそうなものをブリッジングして（つなげて）新しい言葉を作り、笑えるような形に整える。それは実は大変な作業です。

言い換えると、**新しい知識（「命名したい人」に関する情報）と、既存の知識を組み合わせて再編集し、新しい考え方を生み出す能力。それこそが抽象化能力**です。

有吉さんの「あだ名を付ける芸」は、抽象化思考そのものなのです。

ではどうすれば、有吉さんのような抽象化思考ができるようになるのでしょうか。

一言で言うと「具体」と「抽象」という異なる階層を自由に行き来できるよう、鍛えることです。

■具体化……抽象的な言葉を、具体的なものに象徴化（シンボル化）すること。
（例：「平和」→「鳩」「万国旗」「人々の笑顔」「家族団らんの光景」など）
■抽象化……具体的な言葉が属するグループの枠を、広げていくこと。概念を広げていくこと。「分類図をさかのぼること」とも類似している。
（例：「チワワ」→「小型犬」→「イヌ科」→「哺乳類」→「生物」）

この2方向の操作を頭の中でトレーニングすると、具体と抽象という2極の階層の行き来が非常にスムーズにできるようになります。

たとえば、有吉さんに限らず、テレビ番組に出演している優秀なコメンテーターは、どんな質問にも的確な答えや意見を返すことができます。それは、**頭の中で瞬時に質問を抽象化し、概念の枠を広げ、聞かれていることの本質を掴み取っている**からでしょう。この「**本質を掴む**」という脳の働きは非常に大事です。

著者自身の例で恐縮ですが、私が過去、記憶術の世界に初めて足を踏み入れた時。世の中に出回る「記憶術」と名の付くもの全てに片っ端から目を通し、リサーチをしたことがあります。どの流派も一見個性的に見えますが、膨大な資料を読み込むうちに、それらを抽象化できる（本質を掴める）ようになりました。

「抽象化ができている」状態とは**「それって、結局こういうことでしょう？」**というフレーズが出てくる時です。実際、私は巷のあらゆる記憶術を吸収した後「記憶術って、結局『感情を動かして覚えること』でしょう？」と明確に感じられたのです。

その後、さらに脳科学についての学びを深め、記憶の仕組みと感情に密接な関係があると突き止め、「感情をより刺激できる記憶法」（ＩＰ化）を開発するに至りました。

言い換えると**既存の情報を鵜呑みにし過ぎず、自分の脳内にある既存の知識と組み合わせて再編集したことで、新しい考え方を生み出せた**のです。

私は皆さんにも「**具体**」と「**抽象**」、**異なる次元を自由に行き来できる視座**を手に入れてほしいと願っています。その運動が抽象化能力を引き上げてくれるからです。

とはいえ、特別な訓練なんていりません。**イメージ化（IP化）を軸としたA4・1枚記憶法を実践することで、抽象化能力は否応なしに磨かれていきます。**

ここで、ひとつ覚えておいてほしいことがあります。

現代社会でメディアからの情報を鵜呑みにし続けていると、抽象化能力を養いにくくなる、という点です。情報の発信者が親切になり過ぎて、受信者が頭脳を働かせるべき機会がどんどん奪われてしまう傾向があるからです。

たとえば、テレビ番組やYouTube動画の丁寧過ぎる字幕（テロップ）。視聴者は、発言やその内容どころか出演者の気持ちまで、字幕で知らされるようになっています。

言い換えると**「脳を働かせる」という負担が軽くなりがち**なのが現代なのです。

使われなくなった脳は、どんどんサボるようになり、やがては衰えていきます。

その場の〝空気〟や文字の〝行間〟、要は情報の〝背景〟を自分で読み解こうとする姿勢を忘れないようにしてください。そして好奇心を働かせて多くの物に触れ「それって、結局こういうことでしょ」と頭の中で抽象化する癖を付けてみましょう。

ただしリアルな会話で「それって、こういうことでしょ?」というフレーズを乱発すると「この人はすぐに話をまとめたがる」と、誤解される懸念があります（笑）。「リアルな会話で、相手に対しては使わない」という原則をおすすめします。

記憶力を鍛えると、非認知能力まで培われる

近年、日本でも「非認知能力」という言葉をよく見聞きするようになりました。この非認知能力も、記憶力を磨くことで副次的な効果として高まる能力の一つ。まだ耳慣れない言葉かもしれませんが、どのような能力か、お話しさせてください。

そもそも**「認知能力」とは、IQ（知能指数）やテストの点数、偏差値など数値化できたり、基準が可視化できる能力のことです。**年齢を重ねた方はご存じでしょうが、戦後の日本は、認知教育（学力）については世界のトップレベルを走ってきました。

それに対し**「非認知能力」とは、いわば「心に関する能力」。数値化や可視化は難しいですが、「生きる力」「人間力」などと言い換えられます。**

注意してほしいのは、非認知能力とは「一つの能力」について表す用語ではない、という点です。

想像力や共感力、協働力、回復力。

自信、自制心、自己肯定感。

そして主体性、計画性、柔軟性、創造性、社会性……。

これらの**心にまつわる数多の能力の総称こそが、「非認知能力」**なのです。

平たく言うと「**非認知能力はEQとほぼ同義**」と捉えていただいてもよいでしょう。

EQとは、心理学者、ダニエル・ゴールマン博士が提唱した概念で、日本では「心の知能指数」と訳されてきました。ここで米・イェール大学の心理学者、ピーター・サロヴェイ教授によるEQの定義をご紹介しておきましょう。

❶自分自身の情動を知る能力
❷感情を制御する能力
❸自分を動機付ける能力

❹他人の感情を認識する能力
❺人間関係をうまく処理する能力

社会経験のある方なら特に「ＥＱも、非認知能力も、現代社会を幸せに生きていくために必須の能力だ」と得心がいくのではないでしょうか。

実際、ノーベル経済学賞を受賞したジェームズ・ヘックマン教授は２０００年に非認知能力のことを「**人生の幸せと成功に、学力よりも大きく寄与する能力**」と証明しています。その後、「認知能力と非認知能力のどちらが重要か」という議論を経て、現在のグローバル社会では「どちらも必須」という捉え方が主流になっています。

そのような世界的な流れを受け、２０２０年に行われた日本の教育改革では非認知能力が「**生きる力**」としてようやく重要視されつつあります。

勉強面で大きな目標を掲げている場合。非認知能力がもし高ければ……。

様々な誘惑をはねのけて「先に勉強をしたほうがスッキリする」と自発的に計画を

立てて、学習に取り組むことができたり。成績が伸び悩んでいても「点数に一喜一憂すべきではない」と前向きな姿勢で学習を継続できたり。

要は**メタ認知が容易にできたり、合理的に行動できたり、自分自身に寛容になれたりしやすくなります。**自信や自己肯定感、自制心、主体性、計画性などの非認知能力が備わっているから、実生活でどんな障害が現れても、果敢に向き合って乗り越えられるというわけです。

ではいったいなぜ、記憶力を鍛えることでそのような「心に関する能力」まで自動的に向上しやすくなるのか。その理由を考えてみましょう。

今までも解説してきたように、「感情」が生まれるのは脳の中の「大脳辺縁系」にある「扁桃体」です。この扁桃体のすぐ近くに、記憶の司令塔「海馬」があります。扁桃体で感情が生まれると、それに刺激を受けた海馬は記憶を強化する（短期記憶を長期記憶にする）という仕組みがあります。

さらに、この一帯には「側坐核」というやる気を生み出す場所も存在しています。

ここから核心に入ります。

記憶力が向上するということは、「海馬」「扁桃体」「側坐核」などを擁する「大脳辺縁系」のコントロールが上手になる、ということと同義です。

一方、非認知能力やＥＱなどの「心に関する能力」（＝感情を制御する能力）は、「大脳辺縁系」（感情を生み出すエリア）と「前頭前野」（理性を司るエリア）の連携に深く関係しています。つまり記憶のために使われる脳の部位と、感情をコントロールするために使われる脳の部位は、多くの部分が重複しています。したがって、記憶力を鍛えることで非認知能力もＥＱもアップしやすくなるというわけです。

具体的に言うと、Ａ４・１枚記憶法とは、文章をイメージ化して感情を動かすことで記憶を強化する手法です。要は「記憶」という脳の機能を介して、感情にアプローチをかける記憶法。ですから、ＥＱも非認知能力もアップしないわけがありません。

Ａ４・１枚記憶法に取り組むことで、勉強面や仕事面はもちろん人間関係においても、望み通りの結果を出していきましょう。

「if-then シート」で行動変容を起こす

ここまで、記憶力を磨くことで副次的に養われる能力について見てきました。集中力から思考力、非認知能力まで、あなたのあらゆる〝能力〟はこれから総合的に向上していくでしょう。そこで次にお手伝いしたいのは、あなたの〝行動〟を変えることです。私が開発したＡ４・１枚記憶法のシートは「記憶をする」という用途に限らず、夢や目標を実現させるためにも役立ってくれます。

脳には面白い性質があります。幻想と現実の区別が、実は不得意なのです。

何かを夢見ると、**脳の灰白質という部位が「既に望み通りのものを手に入れた」と誤解してしまう**ことがわかっています。要は「目標を立てた後、実現した姿を夢想しただけで満足してしまう」という傾向が多くの人に見られるのです。

だからといって「夢を見ても仕方がない」と言いたいわけではありません。

目標実現に向け、計画的な行動を積み重ねていくことが大事です。
そのために、これから2通りの活用法をご紹介します。

1つ目は、名付けて「if-then シート」。「if-then ルール（プランニング）」を脳に刻み込むための活用法です。

if-then ルールとは1990年代、米・ニューヨーク大学のピーター・ゴルヴィツァー教授によって研究された手法のこと。「もしXだったら、Yをする」という、脳にわかりやすい文法で実行計画を立てておくことを言います。

【if-then ルール】

（実行したいこと、習慣化したいことなどについて）

❶（if）もしXだったら、❷（then）Yをする

（If X happens, then I will do Y.）

ゴルヴィツァー教授らの実験では「目標達成のための行動をいつ、どこで、どのように取るか」ざっくりと計画をしているだけで、学生らが目標を達成できる確率が40％も上がったと言います。実際に私たちが活用する際の例を挙げておきましょう。

【具体例】

■目覚まし時計のアラームを止めたら、10数えながら体をゆっくりと起こす
■起床後は5分間、身の回りの掃除・片付けをしてからメールチェックに取り掛かる
■通勤時の電車では、英語の小説を流し読みする
■（家でも外でも）食事が用意されたら、スマホはバッグにしまう（遠ざける）
■お腹が空いたら、ナッツを食べる（5粒まで）
■欲しいものが1万円以上の場合は、一旦店から出て5分間考える
■休日の朝は、ジムでトレーニングをする
■休日に雨が降ったら、クローゼットを整理する
■眠る時は、スマホを手の届かないところに置く

if お腹が空いたら	**then** ナッツを食べる ただし5粒まで! or プロテインか水を飲む
目標 3月末までに−1キロ 4月末までに、さらに−2キロ 痩せる!!	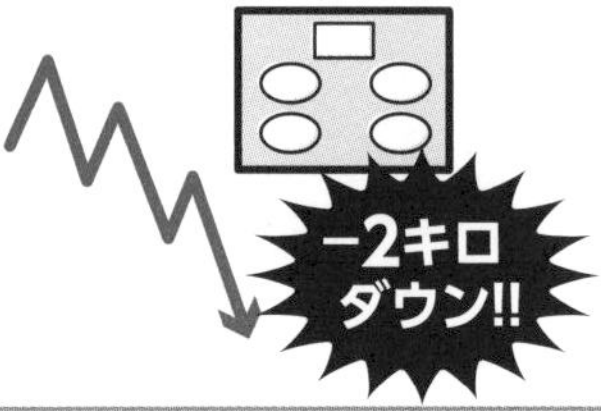

このようにif-thenルールを決め、脳にインプットをしておくと、強い意志を持たなくても行動に移しやすくなります。「何をしようか」「どうしようか」と迷うことも減るため、行動量もアップ。やがて理想的な行動が習慣化されて、目標達成へとつながっていきます。

そもそも私たちは、幼少時から様々な社会的ルールを身に付けて育ってきています。「青信号なら進む」「赤信号なら止まる」が、その代表例。そう思うと、とっつきやすく感じられませんか。

自分で決めたif-thenルールを守れるようになれば、満足感と達成感が得られます。それが自信へとつながり、さらによい行動を重ねたくなる……。そんなプラスの循環に入ることができれば最強です。

米・ペンシルベニア大学のダックワース教授が行った実験では、高校生らに「if-thenプランニング」を行ってもらったところ、夏季休暇の勉強量が2倍に増えています。

米・コロンビア大学のハイディ・グラント・ハルバーソン教授が行った実験も興味深いものです。

「月、水、金曜日になったら、仕事の前に1時間ジムで汗を流す」と目標を立てた人たちは、91%の確率で運動の習慣化に成功しています。しかし普通の目標設定しかしなかった人たちは、31%しか運動を習慣化できなかったのです。

この「if-then シート」は、いつでも目に入る場所（自室や居間の壁など）に貼っておくことをおすすめします。書かれた内容を幾度となく目にするうちに、潜在意識に刻み込まれていくからです。

そのような現象を「**プライミング効果**」と呼びます（最初に得た刺激により、意識とは無関係に行動する心理効果のこと）。**プライミング効果のおかげで、無意識のレベルから行動をラクラク変容させることができます。**

ポイントは、条件を設定する際に**「◎◎をしないようにする」「◎◎をやめる」などの否定形のフレーズを使わない**こと。なぜなら、否定をするほどそれにこだわってしまう、ダメと禁じられるほどやりたくなる、脳にはそんな性質があるからです（それを「**カリギュラ効果**」と言います）。

ですから、あえて肯定的な方向に言い換えましょう。

【言い換え例】

×**お腹が空いたら、お菓子は食べない**

○お腹が空いたら、ナッツを食べる（ただし5粒まで）

私もこの if-then ルールには、お世話になりました。私が記憶競技の大会に参戦していた時期、脳が活性化する気がしてジョギングを習慣にしていたのですが、どんな時でも続けられたのは、この if-then ルールのおかげだったと思います。

気分にムラがある時でも、仕事でちょっと疲れている時でも「条件を設定したのは、他ならぬ自分自身だろう?」と思うと、「自分に負けるもんか！」と奮起できるのです。

特に勉強やダイエットなど、長期の習慣化を望む人にはぴったりの活用法です。ぜひお試しください。

万一、実行が難しい場合は、設定した行動の難易度が高かった可能性があります。難易度を下げたところから再設定して、徐々にレベルアップをしていきましょう。

「日記シート」で夢や目標を現実化させる

「記憶する」以外の用途の2つ目は、「日記シート」。その名の通り、ジャーナル（日録）やダイアリーのように活用する方法を伝授します。

とはいえ私が推奨するわけですから、単なる備忘録的な使い方に留まりません（笑）。

夢や目標の実現に近づくための「日記シート」です。

第1象限……日付を入れた一般的な日記（箇条書きでもよい）
第2象限……明日の予定や目標
第3象限……将来の夢（目標）の実現に必要なタスクを文字で書く
第4象限……将来の夢が叶った光景をイラストで描く

端的に言うと、記憶のためにシートを使う時と同様に、**下段（第3・第4象限）で**

強烈に将来のイメージをするわけです。もちろん、まだ起こっていないことを考えて記すわけですから、頭を使います。でも、それがよい刺激になるのです。

「夢を叶える」という長い道のりを完走するために、**「今何をすべきか」「自分には何が足りないのか・何が必要なのか」**。自分をメタ認知して（自分の知覚や思考などを第三者の視点から客観的に俯瞰すること）、言語化していく作業は必須です。そして、それらを行動に移すのはもっと大事です。

でも、そのような工程をすっ飛ばして「大きな夢が実現した場面」（第4象限）を想像し、ワクワクして僥倖を待ち続けているだけの人がなんと多いことでしょうか。

「あまりにもったいない」という思いから、私はこの使い方を開発しました。

夢に向けての「行動」を着実に積み上げるために、このシートは絶大な威力を発揮してくれます。いわば「未来の自分にタスクを教え、完遂させるためのツール」「未来の記憶を強化してくれるツール」です。

脳科学的な根拠もあります。この日記で期待できるのは、前述した「**プライミング**

効果」（228ページ）です。

その定義は、最初に得た刺激「プライマー」により、意識とは無関係に行動する心理効果のこと。「prime」（プライム／事前に教え込む、予備知識を与える、入れ知恵する）という英単語が語源です。

簡単な例では、前の日にテレビのグルメ番組で「ラーメン特集」を見た経験がプライマーとなり、翌日の昼にラーメン屋を見かけると、ついその店に入りたくなる、という心理効果を言います。

プライミング効果については、ニューヨーク大学のジョン・バルフ教授らの実験がよく知られています。

大学生を2群に分け、一方には無作為に選んだ単語のセット、もう一方には「高齢者」を連想させる単語（シワ、白髪、杖など）のセットを渡します。そして、それらの単語で短文を作るよう指示します。

作業後、学生らの歩く速さを測ると、「高齢者」をイメージさせる単語を配られた群の歩行スピードは、そうでない群よりも遅くなりました。

平たく言うと**「高齢者」をイメージさせる単語から影響を受けた学生らは、高齢者であるかのように振る舞った**のです。

このプライミング効果を味方につければ、学習効果を飛躍的に高められます。たとえば授業や講座、セミナーなどに参加する前に、予習をして臨むと講義の内容が頭にすっと入りやすくなります。先行して頭に情報を入れているわけですから、事前にわからない点を把握できたり、講師へのよい質問を用意できたり、より深いところまで理解できたりするわけです。

話を日記に戻しましょう。

この「日記シート」に書いた「将来の夢の実現に必要なタスク」（第3象限）や、「将来の夢が叶った光景」（第4象限）は、強烈なプライマーとなり、あなたの深層心理に刺激を与えてくれます。すると「気付く力」が発動し、無意識のうちに身の回り

日記メモ

2月27日(月)日記
・打ち合わせでいい提案ができた
・上司からプロジェクトAへの参加打診があった!
・コンビニで新作スイーツを発見、今度試してみる!

明日以降の予定
・2月28日オンライン会議
・今週中に企画書2枚仕上げる
・ブログの記事を書く
・英語を3時間勉強(1週間のうちに)

目標
・年内に売り上げ1億円を目指す!!! 社長賞欲しいーーーーーー。
・英語ベラベラになって、英検準1級合格! 旅行もたくさん行く! ニューヨーク

の「必要な情報」を取り込める確率がアップし、夢の実現に必要な行動の量も増え、目標を容易に叶えやすくなります。

要は、「日記シートに書く」というプライマーのおかげで周辺視野が広がり、**必要な情報やもの、こと、そして人との出会いが飛躍的に増える**のです。

いい人との出会いが増えると、運は自ずと開けます。**いい情報も、いい仕事も、必ずといってよいほど「人」からもたらされるもの**だからです。

この原則は、今後どれだけ高度なネット社会になっても変わらないでしょう。

そもそもネットを介して、自分のこと

を知ってもらい、ご縁がつながるというケースは多々あります。ですから、この日記を継続することで、自分の仲間を増やし、人生を物心共に豊かにさせていくことが可能なのです。

つまり「**このシートを使うと開運する**」といっても過言ではありません。

ここまでお読みいただくと、スピリチュアルな世界でいうところの「引き寄せの法則」を思い出す人がいるかもしれません。私も気になって調べてみたのですが、近年は「波動が同質のもの同士がつながる」という量子力学のロジックで「引き寄せの法則」を解説する専門家も存在します。

しかし脳科学的な見地から解釈すると、目標実現に至るには、このプライミング効果も大きく寄与している気がしてなりません。

ここに日記のサンプルを掲載いたしますので、ぜひ参考にしてくださいね。

おわりに

私が記憶の世界に足を踏み入れたのは、学習塾を経営していた40代半ばのこと。

「自分には、世の中により貢献できる別の道がある気がする」

そんな根拠のない自信が捨てきれず、44歳の時に1年間の期限を設け、3つの目標を掲げました。

1つ目は、体力面の課題として、**マラソン大会でサブ4（フルマラソンを4時間切りで完走すること）を達成すること**。2つ目は、感性面の課題として、**かねてから興味のあったサクソフォンを習い、人前で演奏すること**。3つ目は、知力面の課題として**「記憶力日本選手権大会」で優勝すること**。

これらに取り組んで、もし何も結果を残すことができなければ、「大それた夢など一切見ずに、その後の人生を粛々と生きていこう」と決めました。そして、それまで以上に自分を厳しく律し、ここぞという時期には飲酒もやめ、不退転の決意で全力投球を続けた結果、なんと3つの目標を全て実現することができたのです。

その年のうちにマラソンでサブ4を達成し、サクソフォン奏者として発表会に出演。

翌年2月の記憶力日本選手権では、500点満点中過去最高点数の475点で優勝（大会平均得点は241・3点）。常連の出場者たちに驚嘆され、仲間にも恵まれた私は、記憶競技（メモリースポーツ）の世界に足を踏み入れていくことになります。

つまり、私が新しい目標に挑んだ動機は、「こうなったら嬉しいだろうな」というプラス思考の動機ではなく、「ここで失敗したら、もう後はない」という恐れからの動機だったのです。今振り返ると、この心理は「**プロスペクト理論**」の「**損失回避の法則**」で説明ができます。行動経済学の見地から見ると、人は「得をするよりも損をしたくない気持ちのほうが2・25倍大きい」と推定されています（この理論を提唱した米・プリンストン大学の名誉教授ダニエル・カーネマンは、2002年にノーベル経済学賞を受賞しています。プロスペクト理論はそれほど重大な発見だったのです）。

世の中には「こうなったら嬉しいだろうな」とポジティブなビジョンを描き、それに向かってモチベーションを即高めて、頑張れる人が存在します。でも私は残念ながら、そちら側の人間ではありませんでした。「生き方を変えるには、年齢的にもそろそろ限界ではないか」と追い込まれ、重い腰をやっと上げた人間です（笑）。

それでも、「記憶」の分野の「日本一」のポジションまで極めることができたのです。

勝因はおそらく、**脳の使い方やメンタルの整え方を身に付け、必要な技術を磨くことに専心した**からでしょう。また奇跡や運のよさを〝棚ボタ〟的に求めるのではなく、**科学に立脚した上で、効率を求めてきたから**だとも思います。

今後私が60代になったら、世界記憶力選手権のシニアの部に挑戦して世界一の座を狙いたいと考えています。そして、今の私が切に願っているのは、お子さんからシニアまで多くの方々の記憶力、ひいては脳力の向上に寄与することです。日本再生のために経済や科学技術、学術面における国際競争力を高めることは、喫緊の課題でしょう。

また諸事情から困難な条件にある方々を、記憶力・脳力の向上を通して支援できればとも考えています。

これからのライフシフトの時代を生き抜くには、どんな人にも学びが必須です。もし、記憶力が培われていれば、どのような学びについても成果を倍増させることができます。目先の目標のために記憶力を発揮させることも大事ですが、記憶力の涵養を通してあらゆる脳力も自然に培われていくことを、知っていただければと思います。

そして、ここまで読んでくださったあなたに次の言葉を贈ります。

Human memory is an ability for creation.

記憶力とは〝創造〟のために存在する能力なのです。

池田義博

【著者紹介】

池田義博（いけだ　よしひろ）

（一社）記憶工学研究所代表理事／所長。大学卒業後、エンジニアを経て学習塾を経営。

2011年、記憶法（アクティブ・ブレイン）と出会い、脳の使い方を学ぶ。それ以降、人間のもつ脳力の可能性に興味を持ち、独自に様々な記憶法を極める。

2013年、「記憶力日本選手権大会」に挑戦し、初出場で優勝し記憶力日本一となる。

翌年から2019年大会まで、出場した6回全てで連続優勝という前人未踏の快挙を達成（2016年は不参加）。また、ロンドンで開催された世界記憶力選手権において課題を全てクリアし、日本人初の「記憶力グランドマスター」の称号を得る。

記憶力・脳力開発の研究を進め、2021年、一般社団法人記憶工学研究所を創設。自身の経験から独自メソッド「IP記憶法」を開発し、その普及のため活動している。著書、テレビ出演多数。

まるごと覚えて　頭も良くなる　A4・1枚記憶法

2023年5月30日発行

著　者――池田義博
発行者――田北浩章
発行所――東洋経済新報社
〒103-8345　東京都中央区日本橋本石町1-2-1
電話＝東洋経済コールセンター　03(6386)1040
https://toyokeizai.net/

装丁・本文デザイン……大岡喜直（next door design）
イラスト………………かたおか朋子
ＤＴＰ………………美創
編集協力……………山守麻衣
シート制作協力………山守こころ
印　刷………………港北メディアサービス
製　本………………積信堂
編集担当……………寺西鷹司
　ISBN 978-4-492-55824-9